Andrea Nagl

HONIG
Power aus dem Bienenstock

Die besten Rezepte für
Schönheit, Wellness,
Power und Wohlbefinden

Inhaltsverzeichnis

Vorwort 8

Ein Blick in den Bienenstock 11

Alle Bienenprodukte im Überblick 17

Honig: süßes Gold, 18

Met: der Göttertrank, 27

Bärenfang: hochprozentiger Genuss, 30

Pollen: Kraftpakete der Natur, 31

Propolis: Antibiotika aus der Natur, 34

Gelée Royale: königliche Nahrung, 37

Bienenwachs: die Faszination des Sechsecks, 39

Bienengift: schmerzhaft und hochpotent, 44

Natürlich heilen mit Honig, Pollen, Propolis & Co. 47
Nach Indikationen von
Akne bis Zahnfleisch

Bienen-Kosmetik selbst gemacht 81
Reinigen, pflegen, erfrischen, Badezusätze

Die Honigküche 93
Frühstück, 94
Salate und Gemüse, 97
Fleisch und Fisch, 99
Naschereien mit Honig, 101

Anhang 104
Bestimmungen des Deutschen Imkerbundes, 104
Adressen und Bezugsquellen, 104
Literaturverzeichnis, 105
Register, 106
Rezeptregister, 108

Vorwort

Heute schon Honig genascht? Nein? Sollten Sie aber! Gönnen Sie sich ruhig diesen täglichen Genuss, denn Honig gehört zum Wertvollsten, was die Natur uns zu bieten hat. Vergessen Sie die bitteren Pillen und greifen Sie zur süßen Medizin, wie Völker in aller Welt es schon seit Menschengedenken tun. Der Bienenstock ist Quelle für Genuss und Gesundheit.

Ich habe schon immer gerne Honig gegessen. Aber ich gestehe: Erst ein guter Imker und die Recherchen für dieses Buch haben mich zum wirklichen Honiggenießer gewandelt. Wenn ich heute nicht mindestens drei verschiedene Sorten im Regal stehen habe, fehlt mir etwas. Und was nicht sonst noch alles in meinen Haushalt Einzug gehalten hat: Met und Bärenfang, Honigöl und Honigseife, Propolis roh und in Lösung, Pollen und Ohrkerzen ... Diese Aufzählung dürfen Sie getrost als Warnung lesen, sollten Sie noch Platz in Ihren Küchen- und Kellerregalen haben. Aber ich halte meine Hand dafür in ein wildes Bienenvolk, dass all die Tipps und Rezepte in diesem Buch Ihnen ganz bestimmt nicht schaden werden.

Jahrtausendelang bewährt

Den alten Muttergottheiten war der Honig heilig, das „Land, wo Milch und Honig fließen", war das gelobte Land der Bibel, und Mohammed pries den Honig als einzige Arznei überhaupt. Mit unvorstellbarem Fleiß und unermüdlicher Energie tragen die Bienen nicht nur Nektar nach Hause: Sie sammeln auch Blütenstaub, süße Säfte und Harze und produzieren daraus Pollen, Propolis, Gelée Royale, Wachs und Gift. Einen Teil dieser gesunden Mittel aus dem Bienenstock veredelt der Mensch zu Met, Bärenfang, ätherischem Honigöl, Ohr- und Wachskerzen. Diese Produkte tragen die Wärme und Kraft von Honig und Wachs in sich.

Der Bienenstock ist Apotheke und Lebensmittelgeschäft in einem. Mit einer bis ins Kleinste durchdachten Organisation produzieren die Bienen alles, was sie (und wir) zum Leben brauchen. Mit Bienenprodukten können Sie sich „vollwertig" ernähren. Vielleicht ist der millionenfache Fleiß der Bienen die Quelle der Energie, welche uns jenseits aller medizinischen Erklärungsversuche heilt und gesund erhält.

Bis heute faszinierend

Schon der Honig ist so komplex, dass er bis heute nicht komplett erforscht ist. Die vielen Pflanzen, an denen sich die Bienen bedienen, unterschiedliche Standorte, Wetter, Klima und vieles mehr beeinflussen die fleißigen Sammlerinnen und ihre Produkte. Die Bienen-Apotheke liefert wirkungsvolle Substanzen, zum Beispiel die Propolis. Sie enthält die wirksamsten Antibiotika, die in der Natur vorkommen.

Zudem sind die Inhaltsstoffe optimal kombiniert: Die Summe der Dinge wirkt besser als ihre einzelnen Teile. Apitherapeuten, so nennen sich die Mediziner, die mit Bienenprodukten heilen, können einige Wirkungen bis heute nicht erklären, doch dass Honig und Co. heilen, steht außer Zweifel. Auch in diesem Bereich der Naturheilkunde zeigt sich, dass die Menschen früherer Jahrtausende mehr wussten als wir.

Genuss ohne Reue

Ob man nun an ihre Heilkraft glaubt oder nicht: Die Einnahme und Anwendung aller Bienenprodukte – selbst der insgesamt sechs verschiedenen Antibiotika, die Bienen produzieren – verursachen keine Nebenwirkungen. Genuss nicht nur ohne Reue, sondern mit Nutzen. Schon der große Arzt und – aus heutiger Sicht – Naturheilkundler Paracelsus forderte, dass die Nahrung zugleich unser Heilmittel sein solle. Wohl kaum ein Lebensmittel kann diese Eigenschaft so für sich beanspruchen wie „der Goldfarbene", ein wahres Gold unter den Nahrungsmitteln.

In diesem Buch erhalten Sie zunächst einen Überblick über die verschiedenen Bienenprodukte, ihre Entstehung, Inhaltsstoffe und Wirkungsweise. Der große zweite Teil beschreibt, nach Krankheiten bzw. Körperregionen geordnet, die vielen Einsatzgebiete der Bienenprodukte für die menschliche Gesundheit. Um Bienen-Kosmetik geht es im nächsten Kapitel – mit vielen Rezepten zum Selbermachen. Und wenn Sie noch immer nicht genug haben – der letzte Teil gibt eine Auswahl leckerer Rezepte aus der Honigküche, die zeigen, dass der Honig nicht nur auf den Frühstückstisch, sondern beim Kochen tagtäglich mit dazugehört.

Im Register am Ende des Bandes finden Sie schnell die richtige Seite, wenn Sie Hilfe bei bestimmten Beschwerden, für die Schönheitspflege oder für Abwechslung in der Küche suchen.

Das Literaturverzeichnis bietet Hinweise auf weitere Bücher zum Thema Bienen, Ernährung und Gesundheit. Der Abschnitt Adressen nennt Bezugsquellen und Imkerverbände, die Ihnen weiterhelfen können, wenn Sie zum Beispiel einen Imker in Ihrer Nähe suchen.

Ein Blick in den Bienenstock

Wenn Sie jemals die Gelegenheit haben, einem Imker bei der Arbeit über die Schulter zu schauen: Nutzen Sie sie! Tausend Wörter können nicht den Eindruck ersetzen, den ein Blick in die Bienenwelt hinterlässt. Da summen, krabbeln und schwirren Hunderte von Tieren auf einer Wabe, für unser Auge chaotisch, doch alle arbeiten nach festen Gesetzen zum allgemeinen Wohl. Bis zu 80 000 Bienen stark kann ein Volk im Sommer werden, im Winter reduziert es sich auf einige tausend Tiere.

Bienen bilden beispielsweise ihre eigene Klimaanlage: Der „Thermostat" steht im Sommer auf 35 °C. Wird es kälter, rücken sie zusammen, um die optimale Bruttemperatur zu halten. Wird es heißer, fächeln sie mit den Flügeln und schaffen Durchzug.

Unglaubliches Wachstum

„Die einzelne Biene zählt nichts, alles was sie tut, dient dem Volk", verriet mir ein Imker. Als winziges weißes Stiftchen steht ein frisch gelegtes Bienenei in der Zelle. Nach drei Tagen neigt es sich, und sobald es flach am Zellenboden liegt, schlüpft die Larve. Das Würmchen wächst innerhalb von sechs Tagen auf das Fünfhundertfache seines Gewichts, drei Tage gefüttert mit Gelée Royale, weitere drei mit Pollen. Die Larve verpuppt sich, und Arbeiterinnen schließen den Brutraum mit einem Wachsdeckel ab – allerdings im Gegensatz zu den Honigvorräten nicht luftdicht. Nach 21 bis 24 Tagen schlüpft die Biene.

Im Laufe ihres Lebens übernimmt die Biene verschiedene Aufgaben: In den ersten zwei bis drei Tagen säubert sie als Zellenputzerin die Zellen, aus denen ihre Gefährtinnen geschlüpft sind. Vom dritten bis fünften Tag füttert sie als Pflegebiene Larven mit Pollen. Die Ammenbienen (etwa sechster bis neunter Tag) versorgen die Larven und die Königin mit Gelée Royale. Baubienen produzieren Wachs und bauen Waben, verdeckeln Zellen und verkleistern Ritzen und Löcher, aber nur, wenn diese Arbeit notwendig ist. Ansonsten fungiert die Biene vom zehnten bis etwa 18. Tag als Stockbiene: Sie nimmt den Sammlerinnen Pollen, Nektar und Harze ab und verarbeitet diese kostbaren Güter weiter. In diesem Alter ist sie als Putzbiene auch für die Sauberkeit des Stocks zuständig. Ersten Erkundungsflügen folgt die Zeit als Wächterin (18. bis 20. Tag): Sie bewacht das Einflugloch und umschwirrt den Stock, Eindringlinge werden gestochen. Das kann der Mensch sein; eigentlich sollen jedoch geflügelte Bienenfeinde wie Wespen, Hornissen, der Bienenwolf (eine Grabwespe) und räuberische Völker der eigenen Art abgewehrt werden. Für sie ist ein Bienenstich tödlich. Als Sammlerinnen schließlich (ab 20. Tag) schwärmen die Bienen aus – acht bis zehn Kilometer weit – und suchen Nektar, Honigtau, Pollen und Harze.

Ein Hofstaat von Ammenbienen umschwärmt die Königin, nicht um ihr zu huldigen, sondern um sie ständig zu füttern, damit sie fit ist für ihren königlichen Dienst: das Eierlegen. Gefüttert werden auch die Drohnen, wovon es in jedem Staat nur einige hundert gibt. Warum es überhaupt so viele sind, ist ungeklärt, denn die Herren der Bienenschöpfung haben nur sehr selten etwas zu tun, nämlich wenn eine junge Königin begattet werden muss. Daher das Wort von den „faulen Drohnen". Vor dem Überwintern geht es den Drohnen an den Kragen: In der „Drohnenschlacht" werden sie von den Arbeiterinnen aus dem Stock hinaus in den sicheren Tod getrieben, denn im Winter kommen sie zu „teuer" ange-

sichts der knappen Nahrungsvorräte. Die Drohnen können sich gegen diese Ausweisung nicht wehren: Sie haben keinen Stachel. Sie sterben, denn sie können weder Nektar noch Pollen sammeln noch sich einen Unterschlupf bauen.

Königin: im Dienst der Pflicht

Zwischen 1000 und 3000 Eier legt eine Königin täglich, allerdings nur im Frühjahr und Sommer, solange genügend Nahrung da ist, um die Brut großzuziehen. Während Bienen im Sommer nur sechs Wochen, im Winter höchstens sechs Monate leben, arbeitet eine Königin vier bis sechs Jahre. Diese Ausnahmestellung verdankt sie ausschließlich ihrer Ernährung: Schon als Larve wird sie nur mit Gelée Royale gefüttert, auch Königinnensaft oder Weiselfuttersaft genannt.

Die Brutbienen füttern eine neue Königin, auch Weisel genannt, heran, wenn die alte schwach wird oder aus irgendwelchen Gründen verloren gegangen ist. Sie bauen die Wabenzelle größer, damit die Königin darin wachsen und ihren Geschlechtsapparat voll entwickeln kann. Obwohl doppelt so groß wie normale Bienen, schlüpft die Königin bereits am 16. Tag. Auf ihrem Hochzeitsflug, sie „schwärmt" begleitet von einem Tross Bienen, wird sie von einer oder mehreren Drohnen begattet. Die Samenzellen speichert sie ihr Leben lang. Beim Legen des Eis entscheidet sich durch Zugabe von Samenzellen, ob eine Arbeiterin (befruchtetes Ei) oder eine Drohne (unbefruchtetes Ei) entsteht.

Ein Blick in den Bienenstock

An dieser Stelle muss darauf hingewiesen werden, dass alle Beschreibungen in diesem Buch, welche die Biene und ihre Produkte betreffen, stark vereinfacht sind. Aus fast jedem Satz ließe sich ein Aufsatz machen, so ungeheuer kompliziert und vielschichtig sind die einzelnen Vorgänge. Obwohl in den letzten Jahren das Interesse an der Apitherapie, der Therapie mit Bienenprodukten, und damit einschlägige Forschungen zugenommen haben, ist vieles noch nicht restlos aufgeklärt. Wenn Sie neugierig auf weitere Details sind, finden Sie am Ende des Buches weiterführende Literatur und Internetadressen.

Mehr als Honig

Alles, was die Biene braucht, sammelt sie selbst. Sie belässt das Sammelgut nicht in seiner natürlichen Form, sondern reichert die Rohstoffe an, spaltet sie auf, vermischt sie und bildet neue Produkte. Der Bienenstock ist Speicher, Labor und Brutstätte in einem.

Honig ist das bekannteste Bienenprodukt, gewonnen aus Nektar und Honigtau. Sein hoher Zuckeranteil liefert Kohlenhydrate.

Als Bienenbrot bezeichnet man den angereicherten Pollen, welcher Eiweiß und Fette zur Ernährung beisteuert.

Propolis bilden die Bienen aus gesammelten Harzen. Sie schützen sich damit gegen Keime und Eindringlinge und kleistern Ritzen zu.

Gelée Royale sondern die Ammenbienen aus speziellen Drüsen ab. Sie füttern damit die Larven und die Königin.

Bienenwachs schwitzen die Baubienen aus. Es ist das Baumaterial des Bienenvolkes.

Bienengift füllt die Giftblase und tötet unerwünschte Gäste.

Unnachahmliche Produkte

Allen Bienenprodukten gemeinsam ist, dass sie im wahrsten Sinne des Wortes unnachahmlich sind. Die in diesem Buch beschriebenen Heilwirkungen sind vieltausendmal erfahren und erlebt worden, doch vom naturwissenschaftlich orientierten Mediziner werden sie deshalb noch lange nicht anerkannt. Lediglich das Bienengift gilt als Arzneimittel im strengen Sinne des Gesetzes. Liegt es daran, dass das Gift aus relativ wenigen Stoffen besteht und sich deshalb dem menschlichen Forschergeist einfach erschließt?

Honig ist nicht gleich Honig, das zeigt schon seine unterschiedliche Farbe. Dasselbe gilt für Propolis, Pollen und Gelée Royale. Sie sind nicht normierbar, wie das die Mediziner von einem Medikament verlangen. Mittlerweile haben Wissenschaftler vor allem in Nord- und Osteuropa Heilerfolge mit Bienenprodukten in anerkannten Untersuchungsreihen nachgewiesen, aber nicht immer können sie ihre Ergebnisse auch erklären. Man geht davon aus, dass die vielen, oft nur in winzigen Mengen vorkommenden Inhaltsstoffe des Honigs so perfekt zusammenwirken, dass sie sich unserem begrenzten Forschertrieb entziehen. Für industrielle Produktion sind sie unnachahmlich, in ihrer natürlichen Zusammensetzung aber sehr wohl perfekt.

Alltäglicher Genuss

Ob Honig, Pollen, Gelée Royale oder Propolis: Sicher ist, dass sie, von ganz wenigen Ausnahmen abgesehen, nicht schaden können. Bei leichten Beschwerden können Sie also unbesorgt zu den Mitteln aus dem Bienenstock grei-

fen. Täglicher Honiggenuss beugt Erkrankungen vor, stärkt die Abwehr und gibt Energie.

Aus reinen Bienenprodukten werden außerdem Spezialitäten zubereitet, über deren Zusammensetzung und Anwendung Sie in diesem Buch noch Näheres erfahren:

Met, der Honigwein und Göttertrank der Germanen.
Bärenfang, ein hochprozentiger Honigschnaps.
Ohrkerzen, ein Heilmittel hauptsächlich aus Bienenwachs.
Ätherisches Honigöl, ein Extrakt aus Bienenwaben.

Alle Bienenprodukte im Überblick

Honig: süßes Gold

Wie Honig entsteht

Honig entsteht aus Nektar, das weiß jedes Kind, aber so ganz genau stimmt das nicht: Neben dem süßen Blütensaft sammeln die Bienen auch Honigtau und in seltenen Fällen süße Pflanzensäfte, zum Beispiel von Brombeeren.

Mit dem Saugrüssel nimmt die Sammlerin süße wässrige Säfte auf. Hier beginnt bereits das Wunder Honig: Auf dem Weg in den Honigmagen kommt Speichel zum Nektar. Im Honigmagen entzieht die Biene dem Sammelgut einen Teil des Wassers. Nektar enthält 80 Prozent Wasser, fertiger Honig dagegen nur noch 20 Prozent.

Honig muss lüften

Nach dieser ersten Umwandlung im Körper übergibt die Sammlerin den Rohhonig an die Stockbienen. Diese bilden eine Futterkette bis zur Wabenzelle: Immer wieder wird der Honig eingesaugt und an die nächste Biene herausgegeben. Jedes Tier gibt seine Sekrete dazu: Je weniger Nektar die Sammlerinnen herantragen, desto mehr Bienen arbeiten in der Futterkette und desto reicher fermentiert wird der Honig. Vor dem Einlagern „lüften" die Stockbienen den Honigblaseninhalt: Sie lassen einen Honigtropfen aus dem Saugrüssel hervorquellen, um ihn an der Luft zu trocknen, und saugen ihn wieder ein – bis zu 200 Mal. Mit 30 bis 40 Prozent Wassergehalt kommt der Honig in die Wabenzelle.

In der Wärme des Bienenstocks reift der Honig. Das Wasser verdunstet, gefördert durch den Durchzug, den die Bienen flügelschlagend verursachen, und der Honig dickt ein. Die Inhaltsstoffe fermentieren, das heißt, sie werden aufgeschlüsselt und können damit von unserem Körper besser aufgenommen werden. Den reifenden Honig tragen die Bienen bis zu 80 Mal um. Erst wenn er reif ist, wird die Wabenzelle ganz aufgefüllt und luft- und wasserdicht verdeckelt.

4 000 bis 5 000 Bienen sammeln einen Sommer lang für ein Kilo Honig. Dabei kann eine Sammlerin pro Flug fast so viel Nektar eintragen wie ihr Eigengewicht. Dieser immense Fleiß gilt natürlich nicht dem Menschen, sondern der eigenen Ernährung: Mit den verdeckelten Honigvorräten kommen die Bienen über den Winter. Wenn der Imker zu viel Honig erntet, muss er im Winter zufüttern, damit das Volk nicht verhungert.

Schleudern, sieben, klären

Ist der Honig erst einmal verdeckelt, ist das meiste schon passiert. Der Mensch, sprich: der Imker, erntet „nur", dabei kann er allerdings immer noch einiges falsch machen. So falsch, dass der Honig außer Zucker und Wasser fast nichts mehr von dem enthält, was ihn so wertvoll für Gesundheit und Ernährung macht.

Ein seriöser Imker erntet nur reifen Honig aus verdeckelten Waben. Vorzeitig ausgeschleuderter Honig enthält mehr Wasser, der „Vorteil" liegt auf der Hand: Man spart sich die Entdeckelungsarbeit, und wasserreicher „Honig" wiegt mehr. Aber er enthält weniger gesundheitsfördernde Stoffe und kann wegen des hohen Wassergehalts zu gären beginnen. Er ist weniger verträglich und kann deshalb Magenbeschwerden und Sodbrennen verursachen.

Sorgfältige Imker entnehmen die Waben an kühlen Tagen oder am Morgen, wenn keine frische Tracht eingetragen wurde. Die Waben sollten möglichst komplett gefüllt und verdeckelt sein. Entdeckelt wird mit speziellen Gabeln oder Messern, in großen Betrieben auch mit Gasbrennern oder maschinell. Dann schleudert der Imker die Waben aus.

Honigschleudern werden manuell oder maschinell betrieben, in verschieden ausgeklügelter Technik, das Prinzip ist immer gleich: Die Schleuder dreht sich, und durch die Fliehkraft fließt der Honig heraus. An einem Zapfhahn kann man den Honig abfüllen. Über ein Doppelsieb, erst grob, dann fein, läuft er ab. Verunreinigungen wie Wachsreste, kleine Tierchen oder Teile von Bienen, Blättern oder Holz bleiben im Sieb.

„Schleuderhonig" wird manchmal als etwas ganz Besonderes angeboten. Lassen Sie sich nicht für dumm verkaufen: Fast jeder ordentliche Imkerhonig ist geschleudert, nur ganz wenige Sorten werden ausgepresst.

Augenwischerei ist auch die Bezeichnung „kaltgeschleudert". Vermutlich will die Werbung damit das positive Image von kaltgepressten Ölen nutzen. Im Bienenstock herrschen im Sommer 30 bis 35 °C, geschleudert wird die Wabe bei 20 bis 30 °C. Kalt- (wie kalt ist kalt?) schleudern, angenommen bei 10 °C, geht nicht, weil der Honig dann zu zäh ist und sich nicht aus den Waben löst. Heißschleudern geht auch nicht, weil dann das Wachs schmelzen würde. Außerdem darf Deutscher Imkerhonig grundsätzlich nicht über 42 °C erhitzt werden, doch davon später.

Anschließend bleibt der Honig stehen, er klärt sich. Luftblasen und winzige Partikelchen steigen nach oben und bilden eine Art Schaum, den der Imker abschöpft. Zurück bleibt goldfarbener fertiger Honig bester Qualität. Jetzt muss er nur noch richtig gelagert werden: am besten kühl, dunkel und trocken.

Was einen guten Honig ausmacht

Die Möglichkeiten, Lebensmittel zu „verarbeiten", sind vielfältig. Ernährungsbewusste Menschen wissen ein Lied davon zu singen, wie schwer es ist, naturbelassene Lebensmittel zu kaufen. Das ist beim Honig etwas besser. Die Deutsche Honigverordnung lässt nur puren Honig zu. Allen Honigen, die bei uns in den Handel kommen, darf weder etwas hinzugefügt noch etwas entnommen worden sein. Allerdings können bei Lagerung und Transport so viele Fehler gemacht werden, dass die meisten wertvollen Enzyme zerstört sind, bis der Honig beim Verbraucher ankommt.

Alle Rezepte und Empfehlungen in diesem Buch helfen nur, wenn Sie Bienenprodukte, allen voran Honig, von hoher Qualität verwenden. Am besten kaufen Sie direkt beim Imker. Wenn Sie keinen kennen: Fragen Sie Nachbarn, Freunde und Verwandte. Gehen Sie auf Märkte und schauen Sie sich nach einem Direktvermarkter um. Halten Sie beim Spazierengehen die Augen offen: Selbst in Großstädten nutzen Imker kleine grüne Oasen und gewinnen dabei nicht nur Honig, sondern leisten einen wertvollen Beitrag zum lebenswichtigen Grün in den Städten. Das unterstützen Sie, wenn Sie ihre Produkte kaufen. Online-Imkeradressen finden Sie am Ende des Buches.

Reden Sie mit dem Imker, fragen Sie nach, besuchen Sie ihn. Alle Bienenhalter, denen ich begegnet bin, freuten sich über mein Interesse und gaben mir begeistert und geduldig Auskunft. Im direkten Gespräch werden Sie erkennen, ob der Imker sein Handwerk versteht und Ihnen gute Produkte anbietet. Und Sie werden sich am Ende wundern, wie angesichts der vielen Arbeit Honig so billig sein kann. Nie wieder werden Sie über teuren deutschen Honig klagen.

„Echter Deutscher Honig" und seine Qualitätskriterien

Garantiert gute Qualität kaufen Sie in den Einheitsgläsern mit grünem Gewährsverschluss des Deutschen Imkerbundes. „Einheitsgläser" deshalb, weil es sich um deutschlandweit verbreitete Mehrweggläser mit Pfand handelt. Als „Gewährsverschluss" bezeichnet wird das grüngoldene Etikett, das vom Deckel bis zum Glas durchgeht. Nur Mitglieder des Imkerbundes bekommen diese Etiketten. Aufgedruckt sind Name und Adresse des Imkers, eine Überwachungsnummer, anhand derer der Imkerbund die Qualität kontrolliert, und die Sorte.

So gekennzeichneter „Echter Deutscher Honig" muss bestimmten Qualitätskriterien genügen, die Sie am Ende dieses Buches auf Seite 104 finden.

Daneben gibt es die Deutsche Honigverordnung. Ihr müssen alle Produkte entsprechen, die in Deutschland als „Honig" verkauft werden. Der Gesetzgeber ist allerdings weniger streng als der Deutsche Imkerbund.

Natürlich bekommen Sie auch in Lebensmittelgeschäften, Ökoläden und Supermärkten guten Honig. Hier eine Empfehlung zu geben ist schwer. Eines ist sicher: Am Preis lässt sich gute Ware nicht erkennen. 1998 testete die Zeitschrift „Öko-Test" Honige: Der billigste Honig aus dem Supermarkt landete in der Gruppe „empfehlenswert". Die fünf „nicht empfehlenswerten" Produkte kosteten 3,99 bis 10,45 Mark.

Qualitätshonig muss folgenden Ansprüchen genügen

Reinheit: Honig darf keine honigfremden Zusätze enthalten. Streng genommen zählt auch der Pollen zu den Zusätzen, doch wertet er den Honig sogar auf. Es gibt Löwenzahnhonige, die bis zu 40 Prozent (!) Pollen enthalten. Eine imkerliche Todsünde und vom deutschen Gesetzgeber zudem verboten ist die Zugabe von Wasser und Zucker. Auch Umweltgifte und Schwermetalle finden sich praktisch nie im Honig. Warum? Die Biene verarbeitet das Sammelgut im Honigmagen: Wenn sie beispielsweise aus gespritzten Obstbaumblüten saugt, stirbt sie daran.

Wenig Wasser: Der originale Wassergehalt ist ein Zeichen für die Reife des Honigs: Je reifer, desto weniger Wasser. Manche Honigarten haben nur 16 Prozent, erlaubt sind 20 Prozent. Nur der Heidehonig darf 23 Prozent enthalten. Wird Honig zu früh geerntet, kann er gären. Um das zu verhindern, wird ihm Wasser entzogen, meist durch Erhitzen. Doch das Erhitzen über 42 °C zerstört wichtige Inhaltsstoffe, vor allem Enzyme und Vitamine.

Keine Hitze: In den USA gibt es mittlerweile pasteurisierten Honig, der kurz hoch erhitzt wird, damit er sich nicht mehr verändert. Sie können sicher sein, dass dieser Honig in Ihrem Körper wenig verändert, außer dass er ihm Kalorien zuführt. Wichtige Inhaltsstoffe wurden durch die Erhitzung zerstört.

Ein Laie kann eine vorhergehende Erhitzung nicht feststellen, im Labor verrät der HMF-Faktor den hitzigen Produzenten: Hydroxylmethylfurfural entsteht in fast jedem Honig im Laufe der Zeit als Abbauprodukt. Bei Erwärmung und unsachgemäßer Lagerung steigt der HMF-Wert schneller, bei Blütenhonigen rascher als bei Waldhonig. Er kann bei frischem Honig darauf hinweisen, dass der Imker unerlaubt Invertzucker zugefüttert hat. Der HMF-Faktor von Spitzenhonigen ist gleich Null.

Lagern Sie Ihren Honig möglichst kühl, am besten im Kühlschrank oder im kühlen Keller. Das konserviert die wertvollen Inhaltsstoffe und verhindert eine schnelle Kristallisation. Ungekühlte lange Transporte im Hochsommer, Lagerung in der Nähe von Heizungen sowie helle und warme Beleuchtung im Verkaufsregal verschlechtern den Honig.

Gute Imker haben ein Kühlhaus und holen nur die aktuell benötigte Menge daraus hervor. Mein Imker empfiehlt sogar das Einfrieren – am besten frisch von der Schleuder weg. So erhält sich der unvergleichliche Duft von frisch geschleudertem Honig bis in die kalte Jahreszeit. Untersuchungen belegen, dass Minustemperaturen den Honig nicht schädigen.

Kein Licht: Die Enzyme im Honig sind nicht nur wärme-, sondern auch lichtempfindlich, deshalb dunkel lagern.

Die richtige Bezeichnung: Zum seriösen Honighandel gehört, dass ein Glas tatsächlich das enthält, was auf dem Etikett steht: So wertete „Öko-Test" beispielsweise zwei als Lindenhonig beschriftete Honige ab, weil die Honige zwar hervorragend, aber nicht von Lindenblüten gesammelt waren. Vermuteter Hintergrund: 1997 war die Lindenblüte verregnet, die Blüten waren verklebt, die Bienen flogen anders als in früheren Jahren. Ein erfahrener Imker muss das an Farbe, Geruch und Geschmack des Honigs erkennen. Im Labor enttarnt die Pollenanalyse die Wege der Bienen, denn jeder Honig enthält auch Pollen. Diese sind so typisch für eine Pflanzenart wie der Fingerabdruck für den Menschen.

Aufbewahrung und Kristallisation

Manche Menschen halten kristallisierten Honig für schlecht. Das Gegenteil ist richtig: Fast jeder unbehandelte Honig kristallisiert früher oder später. Tut er dies auch nach langer Lagerung nicht, besteht der Verdacht, dass der Honig pasteurisiert wurde und damit von minderer Qualität ist. Wenn Sie Ihren Honig im Kühlschrank aufbewahren, zögern Sie die Kristallisation hinaus.

Ob ein Honig grob-sandig oder fein-cremig kristallisiert, hängt von den Ausgangskristallen ab. Kristallisationskeime sind Traubenzuckerkristalle, Pollenkörner oder Staubteilchen. Sind davon viele im Honig und enthält er zudem wenig Wasser (das bedeutet: gute Qualität), lagern sich sehr schnell weitere Teilchen an und bilden die harten Kristallstrukturen. Wenn Sie „weiße Fäden" oder kleine Körnchen im klaren Honig entdecken, dann sind das erste Ansätze dafür.

Blütenhonig kristallisiert viel schneller als Waldhonig. Schon nach wenigen Tagen hat sich sein lichtes Gelb in ein milchiges verwandelt. Um den Honig trotzdem streichfähig zu halten, zerschlagen Imker die Kristallkeime, indem sie den Honig vor dem Abfüllen in die Gläser gründlich umrühren.

Ein Sonderfall des Kristallisierens sind die „Blüten", weißliche Herde im Honig. Sie entstehen nur bei extrem wasserarmen Honigen. Der Traubenzucker kristallisiert aus, und weil nicht mehr genügend Flüssigkeit da ist, füllt Luft den Raum zwischen den Kristallen: Weiße Blüten entstehen. Diese Erscheinung ist keinesfalls ein Hinweis auf zugesetzten Industriezucker.

Kristallisierter Honig ist also nichts Schlechtes, aber wenn er gar zu hart wird, mindert das doch die Bequemlichkeit und Optik. Es ist allgemein bekannt, dass man den Honig durch Erhitzen wieder flüssig bekommt, aber Vorsicht: Maximal 42 bis 43 °C verträgt der Honig, sonst lösen Sie nicht nur die Kristalle wieder auf, sondern auch die Enzyme werden zerstört, Vitamine und ätherische Öle verfliegen. Im Allgemeinen wird ein Wasserbad empfohlen, aber wenn Sie mit dem Thermometer nachmessen, werden Sie feststellen, dass 42 °C reichlich niedrig sind. Das Wasser auf der Herdplatte wird schnell heißer, in einer Schüssel kühlt es rasch aus.

Über den Einsatz der Mikrowelle gehen die Meinungen auseinander: Viele Imker sind grundsätzlich dagegen. Untersuchungen haben ergeben, dass man beim Verflüssigen von Honig mit besonders niedriger Leistungsstufe arbeiten sollte, um die Enzyme zu schützen. Blütenhonige reagieren empfindlicher auf Mikrowellenbehandlung als Honigtauhonige.

Ein *Tipp* für alle Haushalte, die ihren Joghurt selber machen: Die Joghurt-Maschine ist nichts anderes als ein Warmhaltebehälter oder eine Thermosplatte, welche auf gut 40 °C eingestellt ist – genau die Temperatur, die wir zum Verflüssigen von Honig brauchen. Um zwei volle Gläser Honig zu verflüssigen, müssen Sie allerdings zehn Stunden einrechnen. Dafür haben Sie die Garantie, dass der Vorgang wirklich schonend abläuft und Ihren Honig nicht schädigt.

Honig kann als einziges natürliches Lebensmittel bei guter Lagerung Jahre halten. Den extremsten Beweis lieferten ägyptische Grabfunde: Der Honig in mit Bienenwachs verschlossenen Amphoren war auch nach Jahrtausenden noch genießbar!

Erhitzter Honig ist nahezu wertlos. Beim Backen ist er aufgrund seiner Zuckerzusammensetzung und der Mineralstoffe trotzdem besser als Industriezucker. Tee sollten Sie immer erst auf Trinktemperatur abkühlen lassen, bevor Sie ihn mit Honig süßen.

Reiche Sortenvielfalt

Haben Sie sich auch schon gefragt, woher der Imker weiß, dass sein Honig ein Raps-, Tannen- oder Akazienhonig ist? Schließlich kann er die Bienen weder verfolgen noch fragen, wo sie Nektar gesammelt haben.

Die Bezeichnung des Honigs ist Erfahrungssache. Bienen bedienen sich normalerweise an der nächstgelegenen Quelle, je üppiger, desto besser. Eine sattgelbe Wiese voller Löwenzahn ist ihnen lieber als ein paar bunte Blümchen am Wegesrand. Der Imker muss wissen, welche Futterquellen jeweils zur Verfügung stehen, und den geernteten Honig dann daraufhin prüfen. Normalerweise reichen Geruch, Geschmack und Farbe zur Beurteilung. Hilfreich ist die Tatsache, dass Bienen in der Regel einer Pflanzenart treu bleiben. Tragen sie ein Gemisch nach Hause, mündet das in Bezeichnungen wie „Wald- und Blütenhonig" oder einfach „Bienenhonig".

Weil die Bienen nicht „in die Ferne schweifen, wenn das Gute liegt so nah", fährt der Imker seine Bienenstöcke sogar in besondere Trachtgegenden und stellt sie dort für einige Tage oder Wochen auf.

Grundsätzlich unterscheidet man Blütenhonig und Honigtauhonig. Nur für Blütenhonig sammeln die Bienen tatsächlich Nektar aus Blüten. Die bekanntesten Sorten sind Raps, Klee, Löwenzahn, Linden, Akazien und Sonnenblumen. Doppelbezeichnungen, wie zum Beispiel

Linde-Klee, sind möglich und werden von Imkern auch genutzt.

Für Honigtauhonig sammeln die Bienen Honigtau von Bäumen. Dieser Tau ist ein tierisches Produkt. So zapfen zum Beispiel Läuse die Saftadern der Bäume für ihre Ernährung an. Den Honigtau scheiden sie als zuckerreiche, glasklare Flüssigkeit aus. Ameisen und auch Bienen bedienen sich daran.

Manchem hat es schon den Appetit verschlagen, als er von der tatsächlichen Herkunft der Waldhonige erfuhr. Noch vor hundert Jahren galt Honigtauhonig als minderwertig. Professor Karl Sajó schrieb in seinem Buch „Unsere Honigbiene": „Die anormalen Honigsorten, die nicht von Pflanzennektaren stammen, sind entschieden minderwertig, und ihr Genuss kann nicht empfohlen werde. Zu diesen gehören alle, deren Rohstoff … hauptsächlich aus dem Honigtau stammt."

Diese Auffassung hat sich verändert. Der dunklere Wald- oder Tannenhonig mit seinem herben, würzigen Geschmack ist bei vielen Honigfreunden der beliebtere. Aufgrund seines höheren Mineraliengehaltes hat er andere Heilwerte wie Blütenhonig. Dieser hohe Mineraliengehalt ist aber auch der Grund, warum Bienen im Winter keinen Waldhonig vertragen: Er liefert zu viele Ballaststoffe.

Nachfolgend die wichtigsten Honigsorten und ihre typischen Eigenschaften.

Blütenhonige

Blütenhonig: Eine Mischung aus verschiedenen Blüten. Schmeckt aromatisch, ist dunkelgelb bis hellbraun und kristallisiert fein-steif.

Sommerblütenhonig: Eine Mischung aus verschiedenen Blüten, im Sommer geerntet. Schmeckt und duftet intensiver als der normale Blütenhonig, ist dunkelgelb bis hellbraun und kristallisiert fein-steif.

Waldblütenhonig: Ein Honig von Blüten in und am Wald, unterscheidet sich grundsätzlich von Waldhonig, der zu den Honigtauhonigen zählt.

Akazienhonig: Müsste eigentlich Robinienhonig heißen. Die Scheinakazie wächst und blüht vor allem in Frankreich und in Osteuropa. Bienen lieben die Pflanze und produzieren eifrig einen sehr hellen und mild-blumigen, dünnflüssigen Honig. Er kristallisiert sehr langsam und eignet sich hervorragend zum Süßen von kalten Speisen und Getränken. Er hilft bei Husten, Erkältungskrankheiten und übersäuertem Magen und unterstützt die Blutreinigung.

Edelkastanienhonig: Von den kerzenartigen Blütenständen der Kastanien sammeln die Bienen einen zähflüssigen Honig, der lange nicht kristallisiert und reichlich Pollen enthält. Viele Inhibine (antibakteriell wirkende Stoffe) und Fermente machen Edelkastanienhonig sehr verträglich und verleihen antibiotische Wirkung. Er stärkt den Kreislauf und verbessert die Durchblutung.

Heidehonig: Eine seltene Spezialität, die in Norddeutschland und einigen anderen europäischen Ländern im Herbst von der Besenheide geerntet wird. Er enthält von Natur aus mehr Wasser als alle anderen Honige, besitzt aber eine geleeartige Konsistenz, weswegen die Ernte sehr schwierig ist. Zum Ausschleudern müssen die Imker mit viel Gefühl den optimalen Zeitpunkt abpassen; deswegen wird er auch ausgepresst oder gleich als ganze Wabe oder Wabenstück (Scheibenhonig) verkauft. Heidehonig ist stark aromatisch, fast bitter und rötlich gelb bis hellbraun. Er wird bei Nieren-, Blasen- und Prostatabeschwerden empfohlen.

Kleehonig: Sehr heller Honig, schmeckt mild-weich. Kinder essen ihn gern und auch Menschen, die den typischen Honiggeschmack nicht mögen. Er enthält viel Traubenzucker, ist deshalb als Sportlernahrung geschätzt und unterstützt die Leberfunktion. Er wirkt harntreibend, schleim- und krampflösend.

Lindenblütenhonig: Dieser Honig erinnert an den Duft lauer Sommerabende – und das vollkommen zu Recht, denn es ist die einzige Blüte, welche Bienen dazu verführt, noch am Abend auszufliegen. Der lichte Honig hat eine grünlich gelbe Farbe. Wie dem Lindenblütentee wird ihm eine wärmende und beruhigende sowie antiseptische Wirkung nachgesagt. Gut für den Tee vor dem Schlafengehen, für Erkältungstees und für ein beruhigendes Honigbad.

Löwenzahnhonig: Er ist intensiv gelb mit einem hohen Pollenanteil, kristallisiert sehr schnell, aber ganz fein, und schmeckt hocharomatisch.

Manukahonig: Eine hierzulande erst neuerdings bekannte Spezialität, deren positive Auswirkung auf den Magen-Darm-Trakt in einer Reihe wissenschaftlicher Untersuchungen belegt wurde. Der Manukabaum ist bei uns als Tea Tree oder Teebaum bekannt. Der Honig enthält besonders viele antibakterielle Wirkstoffe. Sein Geschmack ist sehr intensiv.

Rapshonig: Sehr heller Honig, kristallisiert schon nach wenigen Tagen und ist dann fast weiß. Die gelben Felder üben im Frühsommer eine starke Anziehungskraft auf die Bienen aus, die dann fast alles andere ignorieren und nur dem Raps zuschwärmen. Der Honig schmeckt fein-süß.

Rosmarin- und Thymianhonig: Es gibt unzählige Honigspezialitäten, die oft nur schwer zu bekommen sind. Zwei Beispiele sind der Thymianhonig und der Rosmarinhonig. Ich stelle sie Ihnen hier wegen ihres ungewöhnlichen Geschmacks vor. Die Kräuter liefern ein sehr herbes Aroma, süß mit einem mild-bitteren Beigeschmack, und werden viel bei Verdauungsbeschwerden eingesetzt. Thymianhonig hilft auch bei Erkältungen. Rosmarinhonig stimuliert die Galle.

Sonnenblumenhonig: In den letzten Jahren bauen auch in Deutschland immer mehr Bauern Sonnenblumen an, meist nicht freiwillig, sondern den Gesetzen des EU-Marktes gehorchend, aber Honigfreunde haben so vermehrt Gelegenheit, inländischen Sonnenblumenhonig zu kaufen. Der Honig ist auffallend gelb, fein-cremig und schmeckt typisch aromatisch nach Honig.

Honigtauhonige

Sie sind grundsätzlich dunkler als Blütenhonige, enthalten weniger Traubenzucker und kristallisieren deshalb nicht so schnell. Der Imker erntet vor allem im Hoch- und Spätsommer. Wenn der Wald „honigt", fährt er die Bienenstöcke dorthin und lässt sie da für einige Zeit stehen. „Dunkler Honig ist gut für blasse Gesichter", heißt es. Dies weist auf den hohen Gehalt an Mineralien hin, welche vor allem für gute Blutwerte sorgen.

Waldhonig: Eine Mischung aus Honigtau von verschiedenen Bäumen, enthält meistens auch etwas Waldblütenhonig. Schmeckt würzig, kräftig, fast malzig, die Farbe reicht von Hellbraun bis Rotbraun, er ist zähflüssig. Alle Waldhonige enthalten sehr viele Mineralien, vor allem Kalium und Eisen, sowie Spurenelemente und Harzanteile und sind deshalb bei der Wundpflege besonders zu empfehlen.

Spanischer Waldhonig: Ein sehr dunkler, fast schwarzer Honig, den die Bienen in den immergrünen Wäldern des Mittelmeerraumes sammeln. Schmeckt würzig-süß und ist sirupartig flüssig.

Tannenhonig (Weißtannenhonig): Eine dunkle, grünlich schwarze Spezialität, die in Deutschland fast nur im Schwarzwald und in den Alpen geerntet wird. Allerdings gab es in einigen Jahren kaum Ernte, der Honig ist seriös kaum zu bekommen, der Preis entsprechend hoch. Aber Sie können natürlich auch zu Importhonigen greifen, bei Tannenhonig zum Beispiel aus Polen. Er hilft aufgrund seiner ätherischen Öle besonders gut bei Bronchialkrankheiten mit Schleim und Atembeschwerden.

> Es gibt auch (von Natur aus) giftige Nektare, zum Beispiel von bestimmten Rhododendronarten. Diese Pflanzen kommen aber in Mitteleuropa nicht vor.

Woraus Honig besteht

Honig schmeckt süß, denn er besteht hauptsächlich aus Zucker. Aber Zucker ist nicht gleich Zucker. Raffinierter Industriezucker ist mitverantwortlich für viele Zivilisationskrankheiten. Forschungsreihen mit Versuchstieren nähren den Verdacht, dass er süchtig macht. Wer an sich selbst schon Heißhunger auf Süßes beobachtet hat, kann bestätigen, dass dieser bei Zuckerentzug irgendwann aufhört. Zucker liefert dem Körper Kohlenhydrate,

> **So gesund Honig für den Menschen auch ist, es gibt doch Fälle, in denen beim Honiggenuss Vorsicht angebracht ist:**
>
> ### Honig für Diabetiker?
> Wenn Sie an Diabetes leiden, sollten Sie Honig nur sehr bewusst und in geringen Mengen zu sich nehmen. Honig ist aber auf jeden Fall besser als raffinierter Zucker, durch seine gemischte Zuckerzusammensetzung dauert die Aufnahme in das Blut länger.
>
> ### Honig und Karies?
> Manche Autoren vertreten die Meinung, dass die Inhibine im Honig vor Karies schützen. Die Gegenseite pocht darauf: Zucker bleibt Zucker und Karies mag Zucker. Bei aller Diskussion sind sich die Verfechter der beiden Meinungen einig darüber, dass Honig für die Zähne auf jeden Fall besser ist als Industriezucker. Wie auch immer: Zähneputzen ist angesagt – am besten mit Propolis-Zahnpasta!

doch um Industriezucker abzubauen, verbraucht der Körper Vitamine und Mineralien, vor allem Kalzium – ein nicht gerade förderlicher Kreislauf.

Ganz anders bei Honig. Er besteht hauptsächlich aus Traubenzucker (Glukose) und Fruchtzucker (Fruktose), allerdings enthalten die verschiedenen Honigsorten sehr unterschiedliche Mengen davon. Beides sind so genannte Monosaccharide, die der Körper leicht aufnehmen kann. Dazu gesellen sich je nach Honigsorte viele weitere Zuckerarten. Die Zuckerzusammensetzung im Honig ist so gelungen, dass der Körper den Zucker optimal nutzen kann, ohne unter schädlichen Nebenreaktionen wie bei der Aufnahme von Industriezucker zu leiden. Übrigens: Je mehr Fruchtzucker ein Honig enthält, desto langsamer kristallisiert er.

Als zweites wesentliches Element enthält Honig Wasser, normalerweise 16 bis 20 Prozent, Heidehonig bis 23 Prozent.

Insgesamt enthält Honig 180 Stoffe, je nach Sorte und Herkunft in unterschiedlicher Zusammensetzung. Die wesentlichen Inhaltsgruppen sind: Enzyme (früher: Fermente), die den Stoffwechsel fördern; Mineralien, besonders Kaliumsalze, vor allem in Honigtauhonigen; Vitamine, Säuren, Hormone, antibiotisch wirkende Inhibine, Aromastoffe sowie Pollenkörner und Wachsteilchen.

Der Honig als Naturheilmittel

Was haben Mohammed und Kneipp gemeinsam? Gewiss, sie waren Geistliche, wenngleich der eine ein Prophet in der islamischen und der andere ein Pater in der christlichen Glaubensrichtung. Doch da die Frage nach Mohammed und Kneipp in einem Bienenbuch gestellt wird, können Sie die Antwort erraten: den Honig. Kneipp schrieb: „Der Wert des Honigs liegt in seinem Charakter als Arzneimittel." Mohammed verbot seinen Anhängern Wein, bot ihnen aber als Trost Honig: „Iss Honig, mein Sohn, denn er ist gut, nicht nur zum Essen, sondern er ist auch ein sehr nützliches Mittel gegen mancherlei Krankheiten." Und an anderer Stelle: „Honig ist ein Heilmittel für jede Krankheit, der Koran ist ein Heilmittel für jede geistige Krankheit – aus diesem Grund verordne ich Euch beides, den Koran und den Honig." Besonders interessant wird Mohammeds Empfehlung, wenn man weiß, dass Honig das einzige Mittel ist, das im Koran als „Arznei" bezeichnet wird.

Medizinische Weisheiten anderer Zeiten und Kontinente klassifizieren Krankheiten jeweils anders, aber überall taucht der Honig bei Krankheiten auf, die mit Verschleimungen und Kälte zu tun haben. Die Tibeter zählen dazu zum Beispiel Asthma, Tuberkulose, Frösteln und Störungen im Lymphsystem. Schleimkrankheiten brechen vor allem im Winter aus und verstärken sich in der Abenddämmerung und am Morgen. Geheilt wird mit einer Diät, die unter anderem Honig enthalten sollte.

So einfach wie wirksam und millionenfach erprobt, bekommt das folgende Rezept den ersten Platz vor allen weiteren Empfehlungen in diesem Buch.

Heiße Milch mit Honig

1 Glas (200 ml) Vollmilch · 1–2 Teelöffel Honig
Milch erhitzen, aber nicht kochen; Honig erst einrühren, wenn die Milch auf unter 43 °C abgekühlt ist, da sonst wichtige Enzyme und Vitamine zerstört werden.

Diesen Klassiker unter den Naturheilrezepten mit Honig kannten nicht nur unsere Vorfahren, er ist auf der ganzen Welt verbreitet. Der süße Trank hilft bei Erkältungskrankheiten, vor allem wenn Sie verschleimt sind. Er löst Katarrh und Bronchitis, er lindert Schmerzen und Beschwerden, er beruhigt und entspannt. Auch Leber und Galle reagieren positiv auf Honigmilch.

Met: der Göttertrank

Met, Honigwein, Göttertrank – wie auch immer man ihn nennt, er dürfte in unseren Breiten die Urform des Alkoholgenusses gewesen sein. Lange bevor die Menschen Wein aus Trauben machten, setzten sie Honigwein an.

Der Name Honigwein verspricht süßen Geschmack, was auch meistens der Fall ist. Wer Met einfach so genießen will, sollte ihn daher vor allem als Dessertwein trinken. Sein Geschmack ist dem von Spätlesen oder dem italienischen Vin Santo vergleichbar. Doch es gibt auch trockenen Met. Mit 16 % Alkohol relativ stark, schmeckt er ähnlich wie trockener Sherry.

Ein sehr gesundes Getränk

Pfarrer Kneipp ist den meisten nur als „Wasserdoktor" bekannt, weil er mit Güssen und Wassertreten viele Krankheiten behandelte, doch die Kneippsche Lehre umfasst sehr viel mehr. In seinen Schriften heißt es: „Der Honigwein ist ein sehr gesundes Getränk, wirkt vortrefflichst aufs Blut ein, kühlt und beruhigt. Vor dem Schlafengehen getrunken, verschafft er einen guten Schlaf. Er macht auch Appetit; ich kann darum sagen: Der Honigwein reinigt und stärkt den Magen. Ganz besonders günstig beeinflusst er die Nieren, er wirkt da ebenfalls ausleitend und reinigt. Ich habe diese meine Erfahrungen mitgeteilt, und andere haben dieselben guten Resultate erzielt. Der Honigwein ist ein wahres Labsal für Gesunde und Kranke. Ich kann ihn nicht genug empfehlen."

Selbstverständlich dürfen Alkoholkranke keinen Met trinken. Dasselbe gilt für Kinder und Jugendliche.

Met selbst gemacht

Wein ansetzen ist eine Kunst. Jeder Vorgang, jede Zutat, die Utensilien, die Rahmenbedingungen beeinflussen die Gärung und können zum Misserfolg führen. Ich will Ihnen mit diesen Worten nicht den Spaß am Experimentieren nehmen, sondern Sie zu größter Sorgfalt auffordern. Oft gelingen neue Sachen aufs erste Mal wunderbar und dann nie mehr wieder. Warum? Weil man denkt, das geht ja ganz einfach, und schon hat sich die Nachlässigkeit eingeschlichen.

Die erste Sorgfalt gehört den Zutaten: Das *Wasser* muss weich sein, Leitungswasser ist zu hart. Filtern Sie es mit den Kohlefiltern, die auch für die Teezubereitung empfohlen werden, und kochen Sie es anschließend ab. Ideal ist weiches Regenwasser (ebenfalls abkochen).

Die *Hefe* beeinflusst den Geschmack des Weins sehr stark. Bierhefe verleiht Bieraroma (nicht unbedingt erwünscht), Bäckerhefe ist im Geschmack gewöhnungsbedürftig. Versuchen Sie an Traubenweinhefe, Maury-Weinhefe, Malaga-Weinhefe oder Madeira-Weinhefe heranzukommen. Hefen für die Süßweinherstellung sind generell besser geeignet.

Honigwein wird immer aus *Blütenhonig* vergoren. Je milder und blumiger der Honig, desto feiner das Aroma des Weins. Nehmen Sie nur besten Honig für Ihren Wein. Wer minderwertigen Honig, den er nicht mal aufs Brot streichen mag, zu Wein vergärt, sollte sich nicht wundern, wenn das Ergebnis nachher zu wünschen übrig lässt.

Gewürze sind Geschmackssache. In verschiedenen Rezepten werden Zimt, Ingwer, Nelken und/oder Muskat empfohlen. Sie können die Gewürze nach Ihren persönlichen Vorlieben variieren oder weglassen.

An *Utensilien* brauchen Sie einen großen Topf, am besten mit zehn Liter Fassungsvermögen, und eine bauchige 5-Liter-Flasche. Ein Fässchen geht auch, aber es muss steril sein. Das Gärgefäß höchstens zu drei Vierteln füllen, damit genügend Sauerstoff zum Gären an die Weinoberfläche kommt. Im Zweifelsfall lieber zwei Gefäße nehmen, dann können Sie die Gewürze variieren.

Die Gärgefäße müssen Sie vor dem Abfüllen sorgfältig reinigen, am besten mit kochendem Wasser. Nach dem Gären wird probiert und später umgefüllt: Dabei nie ausgießen, weil das den ganzen Bodensatz aufwirbelt, sondern mit einer Pipette oder einem Schlauch abziehen.

Die folgenden Rezepte orientieren sich am Hausgebrauch und sind möglichst einfach gehalten. Die Mengenangaben habe ich in diesem Sinn heruntergerechnet. Ausgangsmenge sind immer fünf Liter Wasser. So können Sie die verschiedenen Rezepte und Ergebnisse gut miteinander vergleichen und variieren.

Altes Metrezept

5 Liter weiches Wasser · 1100 g Honig
1 Esslöffel Hopfen oder 1 Rosmarinzweig
1 gehäufter Esslöffel Bierhefe · 1 große, ungespritzte Zitrone
1 Zimtstange · 1 Gewürznelke · 5 g Kardamom

Wasser und Honig 30 Minuten schäumend kochen, Hopfen zugeben, weiterkochen, bis das Honigwasser auf 3,75 Liter eingekocht ist. Sie können das messen, indem Sie vor Beginn 3,75 Liter Wasser in den Topf füllen, einen Kochlöffel senkrecht auf den Boden stellen und die Höhe am Holzgriff markieren.

Abkühlen lassen, Hefe in etwas Sud auflösen, gründlich unterrühren, mit zwei sauberen Geschirrtüchern abdecken, die Tücher mit einer Schnur festbinden. Zwei Tage stehen lassen.

Honigmischung abseihen und in den sauberen Gärbehälter füllen. Zitrone in Scheiben schneiden, Kerne entfernen, Gewürze zerstoßen und alles in ein Mullsäckchen füllen, zubinden und in den Sud hängen. Mit einem Gärspund verschließen oder die Öffnung mit Tüchern zudecken. Den Sud sechs bis acht Wochen lang im Keller gären lassen. Dann den Wein vorsichtig auf Flaschen ziehen.

Ostpreußischer Met

1 ungespritzte Zitrone · 12 g Hopfen
5 Liter weiches Wasser · 1250 g Honig
5 Esslöffel brauner Zucker

Zitrone in Scheiben schneiden, zusammen mit dem Hopfen in ein Mullsäckchen geben. Alle Zutaten zusammen aufkochen, gut umrühren, in einen sauberen Glasballon füllen, höchstens dreiviertel voll. Zudecken, aber nicht verschließen, mindestens drei Wochen bei Zimmertemperatur stehen lassen (eher länger), bis der Met nicht mehr gärt. Vorsichtig auf Flaschen ziehen.

Met nach Dzierzon

5 Liter weiches Wasser · 1250 g Honig
nach Belieben je 1 Prise gemahlenen Zimt, Nelken, Muskat, Ingwer

Honig und Wasser so lange kochen, bis die Flüssigkeit „ein frisches Hühnerei trägt", das heißt: Das frische Ei muss so schwimmen, dass die Spitze aus dem Sud herausschaut.

Abkühlen lassen und in einen sorgfältig gereinigten Glasballon füllen. Gewürze nach Belieben in ein Leinensäckchen geben und einhängen. Bedecken, aber nicht verschließen, am besten eignet sich ein Gärspund.

Bei 12 bis 16 °C etwa sechs Wochen gären lassen. Dann vorsichtig in eine kleinere Flasche oder ein Fässchen umfüllen, leicht verschließen. Nach vier bis sechs Monaten wird der Met auf Flaschen abgezogen.

Hopfenmet nach Pfarrer Herold
5 Liter weiches Wasser · 625 g Honig
1 Prise Hopfen · 1 Löffel Bierhefe

Wasser mit Honig zwei Stunden kochen, Schaum immer wieder abschöpfen. Hopfen in ein Leinensäckchen geben, in den Sud hängen und mehrmals aufkochen lassen.

Abkühlen lassen, Bierhefe in etwas Sud auflösen und gründlich einrühren. In eine gereinigte bauchige Glasflasche füllen, abdecken, aber nicht verschließen. An einem warmen Ort (20 bis 25 °C) ca. zwei Monate gären lassen.

Warten, bis die Gärung komplett abgeschlossen ist. Das probieren Sie am besten mit einem Korken: Solange er „ploppt" beim Öffnen der Flasche, gärt der Met noch. Erst wenn die Gärung beendet ist, auf Flaschen abziehen.

Würziger Met nach Pfarrer Herold
5 Liter weiches Wasser · 1875 g Honig
1 Stückchen Bäckerhefe (1/20 einer Stange)
1 g Zitronensäure · 1/2 Zimtstange
je 1 Messerspitze Nelken und Muskat gemahlen
2 Scheiben Ingwer
1 Teelöffel Melissenteeblätter oder Pfefferminz oder Kamille

Honig und Wasser zwei Stunden kochen, viel rühren, Schaum immer wieder abschöpfen.

Abkühlen lassen. Hefe in etwas Sud auflösen und gründlich unterrühren. Alle Gewürze in ein Säckchen geben. Zusammen in eine bauchige, sorgfältig gereinigte Glasflasche füllen, zudecken, aber nicht verschließen.

In einem warmen Raum (20 bis 25 °C) mindestens zwei Monate stehen lassen, bis die Gärung vorbei ist. Dann können Sie das erste Mal probieren. Erst nach weiteren sechs Monaten auf Flaschen abziehen.

Fruchtmet nach Pfarrer Herold
Der Pfarrer und Bienenfreund Herold empfahl als Basis für Met nicht nur Wasser, sondern auch Saft. Dafür eignen sich alle heimischen Früchte: Apfel, Birne, Brombeere, Eberesche, Erdbeere, Heidelbeere, Himbeere, Holunder, Johannisbeere, Kirsche, Schlehe, Stachelbeere, Weißdorn, Zwetschge und natürlich Trauben. Man kann die Gärung auch direkt mit den gequetschten Früchten versuchen, doch dann sind wir schon bei der richtigen Weinherstellung angelangt mit allen ihren Freuden und Problemen.

Da die Säfte einen unterschiedlichen Zuckergehalt haben, müssen Sie die Honigmenge variieren. Mehr Zucker bedeutet theoretisch einen höheren Alkoholgehalt. Irgendwann stoppt allerdings die Gärung, weil der Alkohol die Hefen tötet: Eine gewisse Süße bleibt dem Fruchtmet somit erhalten. Süßen Säften fehlt die Säure, deshalb kann man bei den Rezepten noch Zitronensäure oder in Scheiben geschnittene Zitronen zugeben. Die Säfte sollten so naturbelassen wie möglich sein, also am besten selbst auspressen oder in gut sortierten Lebensmittelgeschäften nach „Direktsaft" verlangen.

Die Zutaten für verschiedene Fruchtmetsorten
Brombeermet: 800 g Honig · 3 Liter Wasser · 2 Liter Brombeersaft

Heidelbeermet: 450 g Honig · 2,3 Liter Wasser · 2,7 Liter Heidelbeersaft
Himbeermet: 500 g Honig · 1 Liter Wasser · 4 Liter Himbeersaft · 1 g Zitronensäure
Holundermet: 1400 g Honig · 4 Liter Wasser · 1 Liter Holundersaft
Johannisbeermet: 1700 g Honig · 3,3 Liter Wasser · 1,7 Liter Johannisbeersaft
Kirschmet: 550 g Honig · 1,7 Liter Wasser · 3,5 Liter Kirschsaft · 3 g Zitronensäure

Geben Sie jedem Fruchtmet je einen Teelöffel Weinhefe und reinen Alkohol (40 %) zu. So starten Sie die Gärung sicher und schnell.

Honig und Wasser etwa zwei Stunden lang kochen, abkühlen lassen, alle Zutaten einrühren, in gereinigtes Gärgefäß füllen, gären lassen, auf Flaschen abziehen.

Bärenfang: hochprozentiger Genuss

Der Bärenfang ist ein Schnaps beziehungsweise Likör aus Ostpreußen. Angeblich hat man Bären damit gezähmt. Das kann aber nur am hohen Alkoholgehalt gelegen haben.

Wie beim Met auch den Bärenfang vorsichtig in Flaschen umfüllen. Am besten mit Pipette oder Schlauch abziehen – der schlammige Bodensatz schmeckt nicht.

Einfacher Bärenfang
500 g Honig · 500 ml reiner Alkohol (96 %)
500 ml weiches Wasser
Honig und Alkohol gründlich verrühren. Die trübe Flüssigkeit in einer Flasche stehen lassen, bis sie sich geklärt hat. Vorsichtig abziehen. Mit dem Wasser (gefiltert und abgekocht) auffüllen, in kleine Flaschen abfüllen.

Kommentar meines Imkerfreundes zu diesem Rezept: „Ja, so steht das überall, aber der schmeckt nach nix." Dabei ließ er es nicht bewenden und kam auf folgendes Rezept:

Bärenfang
500 g Honig · 1500 ml guter Obstschnaps
Honig leicht erwärmen, damit sich alle Kristalle lösen und er sich gut mischen lässt. Honig und Obstbrand gut miteinander verrühren, in schmale hohe Flaschen abfüllen, zwei bis vier Wochen an einem kühlen Ort (kann auch der Kühlschrank sein) stehen lassen. Jetzt ist er trinkfertig. Sie können auch Grappa nehmen, doch der ist letztlich

auch nichts anderes als klarer Obstschnaps. Den fertigen Bärenfang in Flaschen abziehen. Sein volles Aroma bekommt der goldene Likör aber erst, wenn Sie ihn ein Jahr bei Zimmertemperatur reifen lassen.

Der Geschmack steht und fällt mit dem Ausgangsschnaps. Einen Schnaps, der Ihnen nicht schmeckt, können Sie auch nicht mit Honig veredeln. So verschwenden Sie nur guten Honig. Ausgezeichnet eignet sich auch Weinbrand. Mit ihm als Basis bekommt der Bärenfang eine kräftige Goldfarbe und ein weiches, volles Aroma.

Weinbrandbärenfang

250 ml Honig · 1 Flasche Weinbrand (0,7 l)
Honig und Weinbrand gründlich miteinander verrühren. Kristallisierten Honig vorher leicht anwärmen, aber nicht über 42 °C. Bärenfangmischung in eine durchsichtige Literflasche füllen, zwei bis vier Wochen im Kühlschrank stehen lassen, bis sich der Likör geklärt hat. Auf eine schöne Flasche abziehen und ein Jahr reifen lassen.

Die letzte Geschmackssteigerung bringt die Lagerung im Eichenfässchen. Das Aroma ähnelt dem von Calvados.

Frischer Bärenfang

Bärenfang können Sie als Aperitif oder Digestif auch frisch zubereiten und sofort trinken. Wenngleich Feinschmecker den Geschmack als „roh und unfertig" abtun, einen Versuch ist es wert.
1 Likörglas Honig
3 Likörgläschen hochprozentiger Obstschnaps oder Weinbrand
Honig und Alkohol am einfachsten im Shaker miteinander verschütteln. Kalt stellen oder auf Eis servieren.

Ein ähnliches Rezept gibt es unter dem Namen Glen Mist mit Whisky (500 ml Whisky, 100 g Waldhonig).

Pollen: Kraftpakete der Natur

Pollen und Power – die beiden Worte haben ihre Anfangsbuchstaben zwar nur zufällig gemeinsam, aber es passt: Blütenpollen aus dem Bienenstock sind angebracht, wenn Ihnen die Kraft ausgeht. Sie sind das tägliche Brot der Bienen, die mit ihrer enormen Arbeitsleistung jedem Betrachter Respekt abringen. Wenn Sie also Besonderes vorhaben, gönnen Sie sich Blütenpollen!

Bienen und Pollen

Pollen sind die männlichen Samen der Blütenpflanzen, manche sprechen auch vom männlichen Prinzip der Pflanze. Ein anderes Wort dafür ist Blütenstaub. Je nach Blumenart haben Pollen Farben von Weißgelb über Orange, Rot und Braun bis Schwarz.

Bienen mit Höschen

Bienen sammeln den Blütenstaub im Vorbeigehen – im wahrsten Sinne des Wortes: Während sie an den Grund der Blüte tauchen, um dort den Nektar einzusaugen, streifen sie die Staubgefäße. Die winzigen Pollenkörner bleiben im behaarten Körper hängen. Die Hinterbeine der Bienen fungieren als perfekter Pollensammelapparat: Der Unterschenkel hat eine eingedellte Außenseite (Körbchen). Die Borstenreihe an der Innenseite des Fußes bürstet die Körnchen in das Körbchen des gegenüberliegenden Beines. Die zusammengebürsteten Pollenpäckchen nennt man Höschen, sie sind auch mit bloßem Auge gut erkennbar. Beim „Höseln" mischen die Bienen bereits etwas Nektar bei, damit die Pollen zusammenkleben.

Die Geschichte von den Bienen und den Blüten

Die Biene fliegt nicht nur von Blüte zu Blüte und sammelt, sie erweist den Pflanzen auch einen Liebesdienst. Wenn sie mit ihrem pollenbestückten Körper am Stempel, das ist das weibliche Geschlechtsorgan der Blüte, vorbeistreift, bleiben einige Pollen dort kleben: Die Pflanze ist befruchtet. Weil Bienen möglichst immer dieselbe Pflanzenart anfliegen, sorgen sie so für die Fortpflanzung. Bei Obstbäumen hat man herausgefunden, dass aus mehrfach bestäubten Blüten bessere Früchte werden. 50 bis 80 Prozent – die Angaben schwanken je nach Autor – aller Blütenpflanzen in Europa sind bei ihrer Bestäubung auf die fleißigen Bienen angewiesen. So weit die Geschichte von den Bienen und den Blüten...

Im Bienenstock nehmen Stockbienen den Sammlerinnen den Pollen ab und stampfen die Pollenklümpchen vermischt mit Nektar, Honig und Speichel in die Wabenzellen ein. Das Bienenbrot als Nährstoffvorrat hält monatelang.

Der Imker gewinnt den Pollen mit Hilfe einer speziellen Auffangvorrichtung am Flugloch des Bienenstocks: Die Bienen müssen sich durch eine sternförmige Öffnung zwängen und verlieren dabei ihre Pollenhöschen. Die heruntergefallenen Pollenstückchen werden täglich schonend getrocknet, der Wasseranteil würde sonst eine Gärung auslösen.

Wabenpollen und Bienenbrot

Etwas ganz Besonderes ist der Wabenpollen: In der Wabe kommt eine Milchsäuregärung in Gang, die den Pollen fermentiert, das heißt, die Wirkstoffe werden aufgeschlossen und können vom Menschen schneller und besser verwertet werden. Wabenpollen kauen Sie wie Wabenhonig teelöffelweise aus, bis Sie nur noch Wachs im Mund haben. Das spucken Sie dann aus oder schlucken es.

Wabenpollen wirkt bei denselben Krankheiten und Beschwerden wie normaler Pollen, nur schneller und stärker.

Der fermentierte Pollen in der Wabe heißt auch Bienenbrot oder Perga. Um an diese Supernahrung in purer Form heranzukommen, brauchen Sie allerdings sehr gute Beziehungen zu einem Imker. Denn hier hilft nichts anderes, als die Wabe Zelle für Zelle auszukratzen.

Überlebenswichtig

Ein starkes Bienenvolk sammelt bis zu 30 Kilogramm Pollen im Jahr; allerdings nimmt ein verantwortungsbewusster Imker davon nur zehn bis höchstens 30 Prozent. Pollen ist für die Bienen lebenswichtig; wenn sie keinen Pollen haben, verhungert die Brut. Sie bauen keine Waben mehr, die Königin stellt das Eierlegen ein. Nicht einmal mehr wehren können sich Bienen ohne Pollen: Das Bienengift ist ein Abbauprodukt des Pollens.

Der Mensch und Pollen

Pollen enthalten in konzentrierter Form fast alles, was wir brauchen, um gesund zu bleiben. Das wussten schon die Wikinger und verzehrten auf ihren monatelangen Seefahrten Pollen als Kraftnahrung. Erst vor etwa 70 Jahren entdeckte man den hohen Eiweißgehalt des Pollens: 30 Gramm decken den Tagesbedarf an Aminosäuren, die frei und gebunden als wichtigste Bausteine der Eiweißkörper vorkommen; bei längerer Einnahme reichen 20 Gramm täglich. Außerdem enthält Pollen Fette (zu 50 Prozent mehrfach ungesättigte Fettsäuren), Zucker, Mineralien, Spurenelemente, Enzyme, antibakterielle Substanzen und Vitamine. Schon 10 Gramm Blütenpollen decken den Tagesbedarf an Vitamin A. Auch die B-Vitamine und Vitamin C sind in großen Mengen enthalten. Pollen ist so vielseitig und ausgewogen zusammengesetzt wie kaum ein anderes Nahrungsmittel, allerdings unterscheiden sich die Pollen verschiedener Pflanzen stark. So liegt der wertvolle Eiweißgehalt zwischen sieben (Drehkiefer) und 28 (Mandeln) Prozent, der Fettgehalt zwischen einem und 20 Prozent, der Zuckergehalt zwischen 25 und 50 Prozent. Im Handel erhalten Sie in der Regel Mischungen, außer Sie kaufen direkt beim Imker. Dort können Sie zu bestimmten Jahreszeiten auch relativ sortenreinen Pollen bekommen.

Der Imker trocknet den Pollen schonend bei 35 °C, also der Temperatur, die im Sommer im Bienenstock herrscht. Keinesfalls sollten Sie Pollen über 40 °C erhitzen, am besten bewahren Sie ihn im Kühlschrank auf. Achten Sie beim Einkauf auf das Erntejahr. Sie bekommen Pollen in Reformhäusern, Drogerien, Naturkostläden und natürlich beim Imker. Ein Glas mit 250 Gramm Pollenkörnern kostet etwa 5 bis 10 Euro.

Pollen ist auch gefriergetrocknet und zermahlen im Handel, soll aber nach Meinung mancher Experten so schneller seine Wirkstoffe verlieren. Die Gegenseite argumentiert, dass der aufgeschlossene Pollen vom Körper besser verwertet wird.

Der Pollen als Naturheilmittel

Pollen ist ein nahezu vollkommenes Nahrungsmittel: Mit einer Pollenkur (siehe Seite 34) können Sie durch falsche Ernährung oder Krankheiten entstandene Mangelerscheinungen beseitigen. Er hilft auch in Zeiten, in denen Sie besonders viel Energie benötigen: bei jeder Art von Müdigkeit, bei geistiger, körperlicher und allgemeiner Erschöpfung. Wenn sich Ihr Allgemeinbefinden allerdings nach einigen Wochen Pollenkur nicht verbessert hat, sollten Sie zum Arzt oder Heilpraktiker gehen.

Durch seine breit gefächerte Zusammensetzung eignet sich der Pollen als ständige Nahrungsergänzung. 20 Gramm Pollen täglich, das entspricht drei gehäuften Teelöffeln, genügen vollauf. Möglichst auf nüchternen Magen im Mund zergehen lassen.

Wenn Ihnen Pollen pur nicht schmeckt, nehmen Sie ihn mit Joghurt oder Quark ein oder lösen ihn in Milch oder Saft.

Falls Sie einen empfindlichen Magen haben, seien Sie vorsichtig mit Pollen: Vermischen Sie ihn mit Honig und nehmen Sie ihn zehn Minuten vor jeder Mahlzeit ein. Oder säuern Sie Ihren Pollen nach dem folgenden Rezept.

Milchgesäuerter Pollen
Sie haben es gelesen: Der Pollen, den der Imker sammelt und den wir in der Regel kaufen, ist nur die Rohform dessen, was die Bienen später als Bienenbrot zu sich nehmen. Machen Sie's den Bienen nach und fermentieren Sie Ihren Pollen selbst.
150 ml Wasser · 75 g Blütenhonig · 500 g Pollen
10 ml Molke oder ein Löffelchen Starterkultur
(Milchsäurebakterien)

Wasser mit dem Honig aufkochen und wieder abkühlen lassen. Pollen in das Honigwasser einstampfen. Bei frischem Pollen brauchen Sie etwas weniger Wasser; ist die Masse zu trocken, müssen Sie etwas abgekochtes Wasser zugeben. Zwei Stunden stehen lassen.

Masse in ein Weckglas mit Gummidichtung oder in ein Marmeladenglas mit Schraubverschluss füllen. Prüfen Sie vorher unbedingt die Dichte des Verschlusses. Beim Einfüllen zwischen die Lagen immer ganz wenig Starterkultur oder Molke geben. Das obere Viertel des Gefäßes als Gärraum freilassen.

Die ersten beiden Tage an einem warmen Ort (ideal sind 34 °C) stehen lassen, um die Gärung schnell in Gang zu bringen.

Weitere zwei Wochen dicht verschlossen bei etwa 20 °C stehen lassen. Dann sollte die Gärung aufgehört haben.

Fermentierter Pollen schmeckt leicht säuerlich und ist besser verträglich als frischer. Er hält sich kühl und trocken aufbewahrt über Jahre und ist genauso anzuwenden wie unbehandelter Pollen.

Pollenkur

Nehmen Sie über den Tag verteilt bis zu sechs leicht gehäufte Teelöffel Pollen zu sich, vier bis acht Wochen lang. Das entspricht etwa einer täglichen Dosis von 30 Gramm Pollen. Beginnen Sie morgens, wenn es Ihnen bekommt auf nüchternen Magen. Speicheln Sie den Pollen gut ein und lassen Sie ihn im Mund zergehen, nicht kauen.

Propolis: Antibiotika aus der Natur

Sie ist unansehnlich braun, klebrig und wenig bekannt – doch von allen Bienenprodukten beeindruckt mich ihr Spektrum am meisten: die Propolis. Das ungewöhnliche Wort erinnert nicht zufällig an die Akropolis in Athen: Propolis, Betonung auf der ersten Silbe, kommt aus dem Griechischen, bedeutet „vor der Stadt" und meint damit Wächter und Verteidigungsanlagen. Die Bienen bilden mit der Propolis einen Wall gegen alle Gefahren von außen: Sie verkleben damit Ritzen, flicken Löcher und kitten beschädigte Stellen. „Bienenkittharz" nennt sich die Propolis deshalb auf Deutsch.

Bauen, kleben, abwehren

Nachdem Sie über die vielseitigen Bienen mittlerweile einiges wissen, dürfte es Sie kaum überraschen, dass die Arbeitstiere ihren Bau-, Kleb- und Abwehrstoff selbst sammeln. Sobald sie keinen Nektar finden, schwenken sie von der Futtersuche aufs Baustoffehamstern um: Harz von verletzten Baumrinden und Blattknospen packen sie in ihre Körbchen am hinteren Beinpaar und liefern das Baumaterial an der jeweils aktuellen Baustelle im Bienenstock ab. Die Stockbienen reichern das Harz mit Wachs und Speichel an, bevor sie es einbauen. Als Harzquelle bevorzugen die Bienen Pappeln, nutzen aber auch viele andere Bäume. Abhängig von der Baumsorte ist die Propolis gelb bis schwarzbraun, teilweise rötlich bis violett.

Die klebrige Propolis macht nicht nur den Bienenstock nach außen dicht. Sie ist ein echtes Breitbandantibiotikum, das bis zu sieben verschiedene Antibiotika enthält, und schützt die Bienen vor allen Infektionen: Im Bienenstock gibt es keine Keime. Auf Bienen leben weder krank machende Bakterien noch Viren, damit nehmen sie eine Sonderstellung im Tierreich ein. Wenn die Sammlerinnen mit ihren Schätzen nach Hause kommen, passieren sie eine breite Propolisbank am Flugloch – eine unüberwindliche Hürde für alle Erreger irgendwelcher Krankheiten, die sich sonst im engen, warmen Bienenstock rasend schnell ausbreiten könnten.

Falls keimbesetzte Tiere in einen Stock eindringen – Mäusen gelingt das hie und da –, stechen die Bienen sie zu Tode und überziehen sie mit einer Schicht aus Propolis und Wachs. So mumifiziert, kann von dem toten Körper keine Gefahr fürs Bienenvolk ausgehen.

Die Imker kratzen Propolis im Herbst von den Rähmchen ab, wenn diese nicht mehr zur Honigernte gebraucht werden. Von 30 Völkern bekommt man auf diese mühselige Art und Weise etwa ein Kilo Propolis im Jahr.

Die gewerbsmäßige Produktion regen Imker durch einen Trick an: Sie hängen ein Gitter in den Bienenstock, sorgen für leichte Zugluft, und sofort beginnen die Bienen die Löcher fleißig zu kitten. Haben sie alles geflickt, sprich: mit Propolis gefüllt, nimmt der Imker das Gitter heraus und kühlt es ab, bis die Propolis brüchig wird.

Propolis als Naturheilmittel

Propolis ist das wirksamste Breitbandantibiotikum, das aus natürlicher Produktion bekannt ist. Sie tötet viele Bakterien, Pilze und Viren ab, wobei wissenschaftliche Untersuchungen zu verschiedenen Ergebnissen kamen. So ist beispielsweise umstritten, ob die Harze aus dem Bienenstock gegen Staphylokokken wirken. Sicher ist: Die Propolis verursacht keine Nebenwirkungen und die Erreger entwickeln keine Resistenz, wie das immer mehr Bakterienstämme in Bezug auf chemische Antibiotika schaffen. Für die praktische Anwendung heißt das: Sie können Propolis unbesorgt einnehmen, sie schadet auf keinen Fall, und in vielen Fällen hilft sie hervorragend. Bisweilen ist eine doppelte Therapie zu empfehlen: innerliche Einnahme von Kapseln, Tabletten oder Lösung und äußerliche Anwendung von Salbe oder Lösung.

Propolis hilft bei Entzündungen; speziell kranke und verletzte Haut heilt unter Propolisbehandlung schnell. Der hohe Wachsanteil des Bienenkittharzes unterstützt die keimtötende Wirkung durch sanfte Pflege der strapazierten Haut. Neben Harzen (über 50%) und Wachs (bis 30%) enthält die Propolis ätherische Öle (bis 10%), Pollen (5 bis 10%) sowie organische Säuren, Mineralstoffe, Spurenelemente, Vitamine und Antibiotika.

Die Stückchen werden pur zerkaut, in Honig eingelegt, in Alkohol gelöst, pulverisiert oder anders weiterverarbeitet. Propolis bekommt man bei gut sortierten und interessierten Imkern. Hobby-Bienenhalter nutzen das wertvolle Antibiotikum in der Regel selbst und beglücken höchstens ihre Familie und einen engen Bekanntenkreis damit. Apotheken, Drogerien und Reformhäuser bieten Propolis in Stückchen oder pulverisiert, als Lösung oder Bonbons, in Cremes oder Kapseln an. Reine Propolis ist das teuerste Bienenprodukt: Zehn Gramm Pulver oder 50 ml einer Propolislösung oder -salbe kosten 5 bis 50 Euro, wobei billig nicht schlecht heißen muss. Der

Imker aus der Gegend, zu dem man Vertrauen hat, ist die beste Adresse. Eine Tube Propolis-Zahnpasta kostet um die 5 Euro, Propoliscremes bewegen sich wie Kosmetika in einem breiten Preisspektrum. Sie pflegen hervorragend, sind aber für Heilzwecke zu schwach konzentriert.

Sie können Propolislösung einfach selbst herstellen. Achten Sie beim Kauf der Rohpropolis darauf, dass sie möglichst viele dunkle, glasharte Stücke enthält. Ihnen wird eine stärkere Heilkraft zugesprochen. Die hellen weichen Stücke enthalten mehr Wachs, was besonders beim Kauen der Rohpropolis empfehlenswert ist. Nachfolgend zwei Rezepte für selbst gemachte Propolislösung.

Propolislösung I

40 g Propolisstückchen · 100 ml Weingeist (98% Alkohol)
100 ml abgekochtes Wasser

Propolis und Weingeist in eine Flasche geben, an einem warmen dunklen Ort sechs Wochen lang stehen lassen, besser noch ein halbes Jahr, täglich mindestens zweimal schütteln. Je länger die Lösung steht, desto besser löst sich die Propolis. Am Ende abseihen oder mit einer Pipette abziehen und die nächste Propolislösung auf dem alten Satz ansetzen. Die Lösung zur innerlichen Einnahme mit 100 ml Wasser verdünnen.

Propolislösung II

100 ml Weingeist (96,5 % Alkohol) · 30 g Propolisstückchen

Weingeist und Propolis in eine Flasche geben, an einem warmen dunklen Ort stehen lassen, täglich mindestens zweimal schütteln; nach zwei Wochen sollte die Lösung gesättigt sein. Vorsichtig in ein anderes Gefäß umfüllen, denn normalerweise bleibt ein Bodensatz, der aus überschüssiger Propolis und Verunreinigungen besteht. Sie können diesen Rest noch mal mit Alkohol ansetzen und erhalten dann eine dünnere Lösung, die Sie am besten durch ein Tuch abseihen. Das Tuch anschließend auspressen.

Diese dunkelbraune Lösung ist der Ausgangsstoff für selbst gerührte Propolissalben (Rezepte Seite 54) und für viele weitere Anwendungen. Für eine Propoliskur nehmen Sie eine Woche lang täglich zweimal eine Propoliskapsel bzw. Propolislösung zu sich oder kauen morgens und abends einige Stückchen. Die Angaben zur Dosierung schwanken bei verschiedenen Autoren sehr stark: zwischen 5 Tropfen bis zu mehreren Teelöffeln am Tag. Für eine akute Anwendung, zum Beispiel bei einem Infekt, empfehle ich eine hohe Dosierung. Für eine mehrwöchige Anwendung, zum Beispiel bei Hautproblemen, scheint eine Dosierung von 5 bis 10 Tropfen am Tag ausreichend.

Propolislösung schmeckt bitter-scharf! Sie können sie mit Wasser (es wird milchig dabei), Milch (mildert am besten) oder Tee verdünnen.

Vorsicht, Flecken!

Eine Warnung noch: Propolis hilft gegen vieles, aber nichts hilft gegen Propolisflecken. Gehen Sie also vorsichtig mit Propolislösung um. Sie kann außerdem Silber- und Cromarganlöffel stumpf machen; benutzen Sie also einen Kunststoff- oder Glaslöffel.

Wie bei allen Stoffen kann es auch Menschen geben, die gegen Propolis allergisch sind. Wenn Sie auf Pappeln überreagieren, gehen Sie nur mit äußerster Vorsicht an die Propolis heran. Sollten Sie nach der Einnahme oder dem Auftragen von Propolis allergisch reagieren, brechen Sie die Behandlung sofort ab.

Gelée Royale: königliche Nahrung

Gelée Royale gilt als Energielieferant par excellence. Fast wunderbare Kräfte werden ihm nachgesagt: Es soll Kraft und Ausdauer verleihen, nicht zuletzt im sexuellem Bereich, und ewige Jugend schenken.

Gelée Royale für die Königin

Der Begriff Gelée Royale kommt aus dem Französischen und bedeutet „königliches Gelee". Das weißlich schimmernde Produkt wird von den so genannten Ammenbienen produziert. So heißen die Arbeiterinnen von ihrem dritten bis zwölften Lebenstag; aber nur vom sechsten bis etwa zwölften Tag sind die Drüsen am Kopf aktiv, aus denen das Gelée Royale fließt.

Im Bienenstaat ist genau geregelt, wer in den Genuss des Gelée Royale kommt: alle Larven in den ersten drei Lebenstagen (deshalb auch „Muttermilch" der Bienen genannt), die wenigen Königinnenlarven in den ersten fünf Tagen und die einzige Königin ihr ganzes Leben lang. Allein weil die Königinnenlarve zwei Tage länger mit Gelée Royale gefüttert wird, ist die Königin schon beim Schlüpfen etwa doppelt so groß wie andere Bienen, obwohl sie eine fünf Tage kürzere Entwicklungszeit hat. Nur bei ihr sind die weiblichen Geschlechtsorgane voll ausgebildet. Sie legt täglich 1500 bis 2000 Eier und lebt drei bis fünf Jahre, während es normale Bienen nur auf sechs Wochen (im Sommer) bzw. sechs Monate (über den Winter) bringen.

Der Imker gelangt an den königlichen Futtersaft, indem er dem Bienenvolk die Königin wegnimmt und durch das Einhängen künstlicher Königinnenzellen das Füttern mit Gelée Royale fördert. Aus den so gefüllten Näpfchen entnimmt er das Gelée Royale, 200 bis 300 Milligramm pro Zelle. Ein mühsames Geschäft, das höchstens ein halbes bis ein Pfund Gelée Royale pro Sommer und Bienenvolk einbringt.

Eine Analyse des Gelée Royale ergibt neben viel Wasser (66 %), Zucker (14 %) und Fettsäuren (5 %) auffallend viele Aminosäuren (13 %), außerdem Mineralien und viele Vitamine vor allem der B-Gruppe, die die Hauterneuerung fördern, sowie antibakterielle und antibiotische Wirkstoffe.

Gelée Royale im Handel

Im Handel erhalten Sie Gelée Royale in reiner Form (10 ml kosten etwa 10 Euro) oder als 10-ml-Trinkampulle (etwa 3 Euro). Es schmeckt säuerlich, leicht scharf und ein wenig süß. Bienen produzieren den königlichen Futtersaft immer frisch, denn manche Bestandteile der empfindlichen Köstlichkeit verfliegen oder zersetzen sich schon nach wenigen Wochen. Deshalb immer kühl lagern (0 bis 5 °C im Kühlschrank) und möglichst frisch verwenden. Oder Sie greifen zum pulverisierten (gefriergetrockneten) Gelée Royal. Die kleinen weißen Blättchen können Sie in Wasser wieder auflösen oder Sie kaufen Gelée Royale in praktischen Kapseln zum Einnehmen. Gefriergetrocknetes Gelée Royale soll dieselbe Wirkung wie frisches haben, manche Imker bezweifeln das allerdings. Von pulverisiertem Gelée Royale nehmen Sie nur ein Drittel der jeweils angegebenen Dosierung.

Möglichst kühl, auf jeden Fall unter 14 °C lagern gilt auch für alle Gelée-Royale-Cremes und Gelée-Royale-Honig. Wenn diese Bedingungen in Geschäften nicht erfüllt sind, sollten Sie das Produkt dort nicht kaufen.

Gelée Royale als Naturheilmittel

Über die Einnahme von Gelée Royale sollten Sie wissen: Zur Dosierung liegt den Packungen meist ein Löffelchen bei. Wenn nicht, tauchen Sie einen Teelöffel mit dem Stielende einen Zentimeter in das Gelée. Gelée Royale wird „sublingual" eingenommen, das heißt, Sie legen die Portion unter die Zunge und lassen sie langsam zergehen. Wenn Sie das Gelée Royale sofort schlucken, zerstören die Magensäfte wertvolle Inhaltsstoffe, die im Mund über die Schleimhäute aufgenommen werden.

Falls es Ihnen pur nicht schmeckt, mischen Sie das Gelée mit einem Teelöffel Blütenhonig und lassen die Mixtur langsam im Mund zergehen. Auf keinen Fall schnell hinunterschlucken. Blütenhonig mit Gelée Royale können Sie auch auf Vorrat mischen:

Gelée-Royale-Honig
5 g Gelée Royale
200 g Blütenhonig
Gelée mit einer kleinen Menge Honig vermischen, dann in den restlichen Honig einrühren. Im Kühlschrank aufbewahren.

Wenn Sie sich, Ihrem Körper und Ihrer Psyche etwas Gutes tun wollen, gönnen Sie sich eine sechswöchige Gelée-Royale-Kur mit täglich 500 Milligramm der königlichen Nahrung. Bei Säuglingen sind bis zu 100 Milligramm täglich möglich, bei Kindern je nach Alter und Körpergröße entsprechend mehr.

Vor außergewöhnlichen Belastungen ist Erwachsenen auch eine einwöchige Kur mit einer Maximaldosis von 1000 Milligramm täglich zu empfehlen.

Gelée Royale ist wie alle Produkte aus dem Bienenstock selbst in hoher Dosierung unschädlich. Zum Beweis die Geschichte eines Ingenieurs, der zum Eigenversuch 40 Gramm Gelée Royale auf einmal aß. Einzige Nebenwirkung: ungewöhnlicher Heißhunger.

Bienenwachs: die Faszination des Sechsecks

Schon mal Wachs gegessen? Nein, ich will Sie jetzt nicht dazu verführen, in Kerzen zu beißen, aber Wabenhonig und Deckelwachs sind nicht nur bei Kindern beliebte Schleckereien. Dieser natürliche Kaugummi aus dem Bienenstock klebt nicht, weshalb ihn auch Prothesenträger genießen dürfen. Er schmeckt fein süß nach Honig, und beim Kauen werden die duftenden wertvollen Pollenöle frei, die im Bienenwachs gebunden sind.

Schon die Perser und Skythen im Altertum balsamierten ihre Leichen mit Bienenwachs ein. Afrikanische Frauen gaben ihren Haartürmen mit Bienenwachs Festigkeit. Im europäischen Mittelalter wurde mit Bienenwachs bezahlt, Beamte erhielten einen Teil ihres Gehalts in Form von Wachs und Honig. Es diente zur Beleuchtung, Holz- und Lederpflege und als Siegelwachs. Kerzen auf christlichen Altären müssen bis heute Bienenwachs enthalten.

Was es mit dem Bienenwachs auf sich hat

Normalerweise produzieren nur die Baubienen – so heißen die Arbeiterinnen etwa von ihrem 10. bis 18. Lebenstag – Wachs: Drüsen zwischen den letzten vier Hinterleibelementen schwitzen das klare Wachs aus. In den Bauchtaschen erstarrt das so genannte Jungfernwachs zu hauchfeinen weißlichen Plättchen. Die Biene nimmt ein solches, zerkaut es, reichert es dabei mit Pollenölen an und baut damit die Waben. Sind die Waben mit Honig oder Brut gefüllt, werden sie mit Wachs verdeckt.

Die Wabe ist ein Sinnbild für die Perfektion des Bienenstaates: Die gleichseitigen Sechsecke nutzen den Raum bestmöglich aus; gleichzeitig garantieren sie hohe Stabilität und sparsamen Materialverbrauch. Die Luft- und Raumfahrt wendet dasselbe Prinzip beim Bau von Flugkörpern an. Waben werden immer beidseitig gefüllt: rationell, denn so dient die Mittelwand als zweifacher Boden.

In freier Natur bauen Bienen ihre Waben halbrund oder passen sie den Raumverhältnissen zum Beispiel in Baumhöhlen an. Der Imker nutzt diese Anpassungsfähigkeit aus und gibt den Bienen rechteckige Rähmchen aus Holz vor.

Die Bienen verbauen nicht nur neues Wachs, sondern tragen altes Wachs auch um. Dabei wird das Wachs immer dunkler. Beim Verdeckeln der Wabenzellen adaptieren die Baubienen die Wachssorten: Alte, dunkle Waben bekommen altes Wachs, neue Waben frisches Wachs als Deckel. Brutwaben sind grundsätzlich dunkel gedeckelt.

Hauptvitamin A

Chemisch gesehen besteht Wachs aus veresterten Fettsäuren. Bienenwachs enthält daneben Propolis, ätherische Öle aus den Pollen, Vitamine, darunter besonders viel Vitamin A (4000 Industrielle Einheiten pro 100 g), und antibakteriell wirkende Stoffe (Inhibine).

Deckel, Waben und Scheiben

Deckelwachs hebt der Imker von den Wabenzellen ab, bevor er den Honig ausschleudert. Nur wenige Imker bieten es von sich aus zum Kauf an, aber fragen Sie ruhig danach. Vielleicht streift er ja bei der nächsten Ernte ein paar Gabeln für Sie in ein Extraglas.

Wabenhonig heißt Honig, der in den Wachswaben verkauft wird, eine norddeutsche Spezialität. Dabei handelt es sich entweder um abgeschnittene Teile von Waben (Scheibenhonig) oder eigens produzierte Wabenstücke. Im Handel bekommt man sie als kleine Rähmchen mit gefüllten Waben oder in Gläsern, in die die Bienen ihre süße Tracht direkt eingetragen haben. Sie können die gefüllten Wabenteile auch in Honig eingelegt kaufen. In den Waben sollte sich dieselbe Sorte Honig wie im Glas befinden.

Etwas ganz Besonderes ist der Wabenpollen, ein von den Bienen in Waben bevorrateter Pollen. Sie können ihn teelöffelweise auskauen wie Wabenhonig. Er wirkt bei denselben Krankheiten und Beschwerden wie normaler Pollen, nur schneller und stärker.

Imker erhalten reines Wachs, indem sie ausgeschleuderte Waben einschmelzen und reinigen. Pro Bienenvolk ist etwa ein Pfund Wachs pro Jahr zu gewinnen. Entnimmt man zu viel, investieren die Bienen ihre ganze Energie in den Wabenbau und sammeln keinen Honig mehr.

Rückstände im Bienenwachs

Beim Honig brauchen Sie keine Angst vor irgendwelchen Rückständen zu haben. Eventuelle Pflanzen- und Tierschutzmittel oder Schadstoffe (Schwermetalle) aus der Luft gelangen bei der Nahrungsaufnahme in den Honigmagen und töten die Biene.

Beim Wachs liegt der Fall anders und problematischer: Weil die Bienen ihren Baustoff immer wieder umtragen, können sich Schadstoffe anreichern. Dazu zählen vor allem Bienenarzneimittel, wie sie mittlerweile fast jeder Imker gegen die gefährliche Varroa-Milbe einsetzt. Diese Milbe wurde aus Asien eingeschleppt, und unsere hiesige Biene ist trotz ihrer vielen natürlichen Antibiotika wehrlos gegen diesen Erreger. Wenn Sie also Bienenwachs zum Auskauen kaufen, versichern Sie sich, dass es rückstandsfrei ist.

Bienenwachs als Naturheilmittel

Grundsätzlich hilft das Auskauen von Wabenhonig und Deckelwachs gegen alle Beschwerden und Krankheiten, gegen die auch Honig hilft. Das ausgekaute Wachs können Sie ausspucken oder schlucken; engagierte Imker schwören auf seine Bekömmlichkeit und Heilkraft. Imkersfrau Reinhild meint: „Das ist einfach Typsache, ob man das ausgekaute Wachs schluckt oder ausspuckt. Ich denke, man sollte da seinem eigenen Gefühl folgen."

Reines Bienenwachs für Cremes und andere kosmetische Anwendungen gibt es gelbocker und weiß im Handel. Greifen Sie immer zum gelben, denn seine Farbe signalisiert wertvolle Inhaltsstoffe. Weißes Wachs ist mit Bleichmitteln behandelt, und ihm fehlt vieles von dem, was Bienenwachs wertvoller als billige Industrieware macht.

Bienenwachs bekommen Sie in Apotheken oder Fachgeschäften für selbst gemachte Kosmetik. Wenn Sie Ihren Honig direkt beim Imker kaufen, gibt er auf Anfrage vermutlich auch Wachsplatten ab.

Bienenwachs in Cremes ist ein Konsistenzgeber, das heißt, es macht Cremes fest. Es ist der einzige Konsistenzgeber, der gleichzeitig Heilwirkung hat: Bienenwachs tötet Keime ab. Es macht die Haut weich und geschmeidig und fördert die Durchblutung. Zudem wirkt es schwach emulgierend, das heißt: Es ermöglicht die Bindung von Wasser und Fett, die sich normalerweise abstoßen.

Schuhcreme

Leder ist gegerbte Haut. Wie wär's, wenn Sie Ihre eigene Schuhcreme „kochen" – als Kosmetik für Ihre Schuhe?
50 g Rizinusöl · 10 g Bienenwachs
5 g Karnaubawachs · Farbpigmente nach Belieben
Erhitzen Sie die drei Zutaten vorsichtig unter ständigem Rühren in einem Becherglas oder einem alten Marmeladenglas (Wasserbad), bis sich die Wachse im Öl gelöst haben. Nach Belieben können Sie ein Konservierungsmittel zugeben. Nach dem Abkühlen ist die neutrale Schuhcreme fertig. Am besten im Kühlschrank aufbewahren.

Wenn Sie farbige Schuhcreme wünschen, erhitzen Sie fünf Gramm Creme, vermischen ein wenig davon mit einem Messlöffel Farbpigmente und rühren die fettige Farbe in die warme Creme ein. Farbpigmente bekommen Sie in Fachgeschäften für selbst gemachte Kosmetik.

Bienenwachskerzen

Kerzen – die romantischen Verführer. Was für die sanften Lichtspender ganz allgemein gilt, trifft für Bienenwachskerzen in verstärktem Maße zu: Sie geben beim Abbrennen wertvolle ätherische Öle frei, die über die Nasenschleimhäute aufgenommen werden. Der Duft der Pollenöle wärmt, beruhigt und entspannt.

Frische Bienenwachskerzen brennen manchmal schlecht ab. Dagegen hilft ein einfacher Trick: Legen Sie die Kerzen für einige Tage in den Gefrierschrank! Dabei altern sie künstlich und brennen besser und länger.

Besonders Kinder mögen den Honigduft. Kerzen mit Bienenwachs herzustellen ist ganz einfach: Gussformen und Dochte bekommen Sie in Bastelbedarfsläden. Lassen Sie sich beraten, was die Dicke des Dochtes anbelangt. Zum Erhitzen des Wachses sollten Sie ein altes Gefäß mit feinem Ausgießer nehmen. Erhitzen Sie Bienenwachs immer vorsichtig im Wasserbad, nicht nur wegen der eventuellen Brandgefahr, sondern auch, weil Sie sonst wertvolle Inhaltsstoffe zerstören. Lassen Sie Kinder nie unbeaufsichtigt arbeiten.

Noch einfacher sind gerollte Bienenwachskerzen herzustellen. Ganze Platten bekommen Sie beim Imker oder in gut sortierten Bastelgeschäften. Sie legen den Docht in die Mitte und rollen die Platte fest und dicht auf. Drücken Sie die ersten beiden Umdrehungen besonders gut an.

Ohrkerzen

Kommen Ihnen folgende Symptome bekannt vor? Der Kopf drückt. Die Nase kribbelt. Der Hals kratzt. Die Ohren gehen zu. Alles fällt irgendwie schwer. Fast immer sind das deutliche Anzeichen einer beginnenden Erkältung. Greifen Sie nicht gleich zu starken Medikamenten, sondern zur Ohrkerze. Dieses natürliche Heilmittel bewirkt einen Druckausgleich im Kopf; Nase und Hals werden wieder frei, und die Ohren gehen auf.

Eine Ohrkerze müssen Sie sich als zigarillodickes, etwa 20 Zentimeter langes Rohr vorstellen. Es besteht aus Stoff, der mit Bienenwachs und anderen Wirkstoffen getränkt ist, darunter Honigextrakte, Salbeiessenz und zerriebene Heilkräuter, vor allem Salbei und Kamille. Die Ohrkerze wird traditionell im asiatischen Raum und bei den Indianern Nord- und Südamerikas hergestellt. Bezugsquellen für Ohrkerzen finden Sie im Anhang auf Seite 105.

Inneres Gleichgewicht durch sanften Druckausgleich

Ihre Wirkung entfalten Ohrkerzen über sanften Unterdruck im Gehörgang. Der folgende Ventilationseffekt leitet Wärme ins Innere des Ohrs. Von dort überträgt sich die heilende Wirkung auf die Nase, die Nasennebenhöhlen und den ganzen Kopf. Der Mensch gewinnt sein inneres Gleichgewicht auf schonend-sanfte Weise wieder. Ohrkerzen regen den Lymphfluss und die Durchblutung an, der Druckausgleich löst Kopfschmerzen. Kopf und Nase sind freier, Beschwerden schwinden. Rechtzeitig angewendet, lassen sich vor allem Erkältungen und Schnupfen vermeiden.

Anwendung

Die Anwendung ist denkbar einfach: Der Patient legt sich bequem auf die Seite, eine zweite Person zündet die Kerze an und steckt sie mit einer leichten Drehbewegung ins Ohr. Durch das Abbrennen entsteht ein leichter Unterdruck im Ohr, aufkommende Schwingungen wirken wie eine sanfte Massage auf das Trommelfell. Beim Abbrennen der Kerze werden Düfte frei, die Heilung und Wohlbefinden fördern. Die entstehende Wärme ist vielen Kranken angenehm. Löschen Sie die Ohrkerze, bevor das letzte Drittel abbrennt, in einem Glas Wasser und brennen Sie immer zwei Ohrkerzen nacheinander ab, eine für jedes Ohr. Danach sollten Sie sich 20 bis 30 Minuten ausruhen.

Ohrkerzen können Sie unbedenklich auch bei Kindern einsetzen. Bei akuten Beschwerden behandeln Sie alle zwei Tage, aber höchstens eine Woche lang, dann reduzieren Sie die Dosis auf zwei- bis einmal pro Woche.

Ätherisches Honigöl

Ätherisches Honigöl wird mit Hilfe von Alkohol aus Bienenwaben extrahiert. Es duftet nach Honig, besonders Kinder riechen es gern. Das sanfte Honigöl beruhigt, entspannt und gleicht aus. In Duftlampen wirkt es besonders auf die Seele. In Bädern und als Massageöl pflegt es Haut und Seele. Der Duft wärmt und hilft damit gegen Erkältungen.

Duftlampenmischung für Kinder

5 Tropfen ätherisches Honigöl
2 Tropfen ätherisches Vanilleöl
2 Tropfen ätherisches Mandarinenöl

Öle direkt in die mit destilliertem Wasser gefüllte Schale der Duftlampe geben. Wenn Sie keine Duftlampe haben, nehmen Sie ein altes Schälchen, füllen es mit Wasser, träufeln die Öle hinein und stellen die Mischung auf die Heizung. Oder Sie tropfen die Öle auf einen porösen Stein, der ihren Duft aufsaugt und nach und nach wieder freigibt. Ziegel oder unglasierte Keramik dienen demselben Zweck.

Honigöl in der Küche

Sie können mit Honigöl auch Speisen aromatisieren, probieren Sie es einfach aus: ein Tropfen an die Salatsauce, wenige Tropfen in die Quarkspeise oder ins Frühstücksmüsli – dafür am Zucker/Honig sparen. So nehmen Sie die wertvollen Essenzen mit ihrem vollen Wirkungsspektrum in sich auf. Beginnen Sie bei der Dosierung vorsichtig.

Bienengift: schmerzhaft und hochpotent

Mit Bienengift heilten schon die Ägypter und Babylonier. Bis ins letzte Jahrhundert hinein war eine Bienengiftbehandlung recht schmerzhaft für die Patienten: Man ließ sie einfach von Bienen stechen. Es gab Versuchsreihen des Arztes Dr. Terc, der in den 80er Jahren des 19. Jahrhunderts 173 Rheumapatienten erfolgreich mit 39 000 Bienenstichen behandelte. Professor Karl Sajó berichtete 1909: „Entsteht nach den Bienenstichen keine Geschwulst mehr, so ist der [Rheuma-]Kranke einstweilen als geheilt zu betrachten." In Asien setzt man angeblich heute noch Bienen als lebende Spritzen ein.

Giftmischerin

Die Biene bevorratet ihr Gift in zwei Giftblasen, die sich in den ersten beiden Lebenswochen allmählich füllen. Erst beim Stich mischen sich die beiden Flüssigkeiten und bilden eine gefährliche Mixtur. Nur wenn die Bienen genügend Pollen verzehren, können sie Gift produzieren. Bienenstiche im Frühjahr, wenn viele Pflanzen blühen, sind deshalb besonders wirkungsvoll – im positiven wie im negativen Sinn. Drohnen und Königinnen haben weder Gift noch Stachel, sind also wehrlos. Der Hauptbestandteil des Bienengifts heißt Melittin. Es umfasst 26 verschiedene Aminosäuren (Eiweiße).

Alkohol, Parfüm und Schweiß reizen

Die panische Angst vieler Menschen vor Bienenstichen ist unbegründet, es sei denn, sie haben eine Insektenstichallergie. Dann kann schon ein Stich tödlich wirken, wenn das Gift direkt in eine Vene oder Arterie gelangt.

Bienen stechen nur, wenn sie sich bedroht fühlen. Vermeiden Sie hektische, schnelle Bewegungen. Am stechfreudigsten sind die Tiere in der Nähe ihres Stocks, denn dort schützen die Wächterbienen das Volk gegen Eindringlinge. Alkohol, Schweiß oder Parfüm reizt sie. Sticht eine Biene zu, ist das für den Menschen zwar schmerzhaft, für die Täterin selbst jedoch tödlich, denn der Stachel hat Widerhaken und bleibt in der Haut stecken. Wenn die Biene wegfliegt, reißt sie sich den Giftapparat heraus und stirbt.

Der Tod ist für eine Wächterbiene eher die Ausnahme. Ihre Feinde sind andere Insekten: Hornissen, Wespen, Bienenwolf und fremde Bienenvölker, die auf Raubzug sind. Ein Stich ist tödlich für sie, und aus deren dünner Haut kann die Biene ihren Stachel wieder herausziehen.

Erste Hilfe bei Bienenstichen

Einzelne Stiche in die Haut sind nicht gefährlich. Den Stachel sollte man vorsichtig, aber so schnell wie möglich entfernen, am besten mit einer Pinzette, damit man den Inhalt der Giftblasen nicht weiter in die Wunde drückt. Aber wer trägt bei einem Spaziergang schon eine Pinzette mit sich herum? Schieben Sie den Stachel dann möglichst mit einem Finger(-nagel) seitlich heraus.

Rasches Handeln ist bei einem Stich in Zunge oder Rachen geboten, denn die nachfolgende Schwellung der Schleimhäute kann zum Ersticken führen. Ziehen Sie den Stachel so schnell wie möglich mit einer Pinzette heraus, ohne die Giftblasen zu drücken, und rufen Sie einen Not-

Bienengift: schmerzhaft und hochpotent

Heilsames Gift

Bienengift ist das einzige Bienenprodukt, das offiziell als Arzneimittel gilt. Die Pharmaindustrie melkt die Bienen, um das Gift zu gewinnen: Man lässt die Tiere in eine Unterlage stechen, aus der sie den Stachel wieder herausziehen können. Das Gift, eine gelbliche Flüssigkeit, wird getrocknet. 1000 bis 3000 Bienen geben ein Gramm Gift.

Rezeptfrei können Sie Salben und Einreibemittel mit Bienengift kaufen. Injektionen verabreicht nur ein Arzt. In der Homöopathie heißt das potenzierte Bienengift Apis, das ist der lateinische Name der Biene.

Schwellung und Schmerzen lassen sich mit verschiedenen Mitteln behandeln

Zwiebeln: Drücken Sie eine aufgeschnittene Zwiebel auf die Stichwunde. Der Saft zieht das Gift heraus.

Propolis: Geben Sie einen Tropfen Propolislösung auf die Einstichstelle. Das desinfiziert, lindert die Schmerzen und fördert die lokale Durchblutung. Die Schwellung geht schneller zurück.

Essig: Machen Sie einen kühlenden Essigumschlag: Eine Mullwundauflage mit kaltem Essigwasser (1 Teil Obstessig auf 2 Teile Wasser) tränken und auflegen. Wenn sich der Umschlag erwärmt hat, einen neuen auflegen.

Eis: Drücken Sie einen Eiswürfel auf die schmerzende Stelle.

Breitwegerich: Quetschen Sie ein Breitwegerichblatt und legen es auf die Wunde, oder noch besser: Lassen Sie den Saft direkt auf die Einstichstelle tropfen.

---

arzt. Als Sofortmittel lassen Sie einen Löffel Salz auf der Zunge zergehen. Es löst das Gift aus der Wunde. Eiswürfel lutschen oder eiskalte Getränke trinken kann die Schwellung bis zum Eintreffen des Arztes ebenfalls verzögern.

Bei einem Stich in Augennähe sollten Sie das Auge möglichst sofort mit klarem kaltem Wasser ausspülen und einen Notarzt rufen. Dringend erforderlich ist der Arzt überhaupt bei vielen Stichen – wobei „viel" subjektiv sehr verschieden sein kann. Manche Imker werden im Laufe ihrer Tätigkeit immun gegen das Gift und ertragen hundert und mehr Stiche ohne größere Folgen.

Natürlich heilen mit Honig, Pollen, Propolis & Co.

Akne

Honig ist ein bewährtes Hausmittel gegen Hautunreinheiten. Er lässt Aknepusteln abheilen und beugt Entzündungen vor.

Honig-Emulsion
100 g Waldhonig · 100 ml Milch · Saft einer Zitrone
Honig und leicht erwärmte Milch mischen, Zitrone auspressen, zur Honigmilch geben, kräftig schütteln. Bestreichen Sie jeden Abend Ihre Haut damit und waschen Sie die Emulsion morgens mit lauwarmem Wasser ab. Meiden Sie generell heißes Wasser, es reizt die Poren.

Auch **Gelée Royale** hilft bei unreiner Haut mit starker Talgbildung und Akne. Machen Sie eine **Gelée-Royale-Kur** (siehe Seite 38).
Propolis hilft ebenfalls bei Akne, sowohl bei der einfachen *Acne comedonica* als auch bei *Acne pustolosa* und *Acne conglobata*. Pflegen Sie die Haut mit Propolissalbe (Rezepte Seite 54 und unten) und behandeln Sie entzündete Stellen möglichst mehrmals täglich mit Propolislösung (Rezepte Seite 36), die Sie mit dem Wattebausch auftragen. In schweren Fällen nehmen Sie dreimal täglich eine Pipette Propolislösung ein, als Kur zwei Wochen lang. Propolis lässt die Pusteln rasch abheilen und beugt der Narbenbildung vor.

Aknecreme
10 ml Kamillenöl · 15 g Heilerde
3 Tropfen ätherisches Pfefferminzöl · 20 Tropfen Propolislösung
Das Kamillenöl leicht erwärmen, restliche Zutaten unterrühren, bis eine glatte Paste entstanden ist. In einem Cremetöpfchen aufbewahren. Diese konzentrierte Creme immer nur auf einzelne Pickel und entzündete Mitesser auftragen, nicht großflächig anwenden!

Weitere Rezepte für eine schöne Haut finden Sie im Kapitel Kosmetik (ab Seite 82), für entzündete und wunde Haut auf Seite 54

Alter

Prinzipiell: Altern ist keine Krankheit, sondern ein natürlicher Vorgang. Der Körper baut ab, aber durch konsequente Bewegung, richtige Ernährung (viel Eiweiß und Vitamine, wenig Fett) und bewusstes Umgehen mit seinen Ressourcen hat man gute Chancen, sich auch in seinem alternden Körper wohl zu fühlen. Man ist bekanntlich so alt, wie man sich fühlt: Wer gesund, aktiv und leistungsfähig ist, wirkt jung. **Gelée Royale, Honig und Pollen** helfen auf diesem Weg.

Vorzeitiges Altern
Pollen verzögert vorzeitiges Altern, denn er enthält eine ganze Reihe von Vitalstoffen, die den Organismus funktionstüchtig erhalten, die Ernährung ergänzen und die Haut straffen. Mit zunehmendem Alter empfehlen viele Therapeuten Pollen als ständige „Nahrungsergänzung". Russische Forscher haben festgestellt, dass unter den über 100-Jährigen besonders viele Imker sind. Der Pollen dürfte das Seinige dazu beigetragen haben …

… und **Gelée Royale** wohl auch: Es mobilisiert die roten Blutkörperchen und wirkt dadurch „verjüngend". Gönnen Sie sich viermal im Jahr eine kleine, vierwöchige Gelée-Royale-Kur (siehe Seite 38) mit 300 Milligramm täglich.

Bienenkur für Altershaut
10 g Bienenwachs
6 Esslöffel Akazienhonig
20 Tropfen Propolislösung · 5 g Gelée Royale

Bienenwachs in einem Becher- oder alten Marmeladenglas im Wasserbad vorsichtig schmelzen, unter Rühren unter 43 °C abkühlen lassen, Honig zügig einrühren, Propolis und zuletzt Gelée Royale einrühren. Im Kühlschrank aufbewahren.

Diese Kur dreimal wöchentlich anwenden. Sie regt die Durchblutung an und glättet die Haut.

Altershusten

Gegen Altershusten helfen Schlüsselblumentee (Rezept Seite 61) mit Honig oder Zwiebelsirup (Rezept Seite 52) mit einem Teelöffel getrockneter und gemahlener Schlüsselblumenwurzeln.

Altersschwäche

Pythagoras kennen wir aus den Mathematikstunden, aber er war kein Mathematiker, sondern wie alle hochgeachteten Menschen seiner Zeit ein Universalgelehrter. Mit 90 Jahren erklärte er, dass er ohne fortwährenden Honiggenuss dieses hohe Alter nicht erreicht hätte. Auch Statistiken belegen, dass besonders alte Menschen überdurchschnittlich viel Honig gegessen haben.

Appetitlosigkeit

Dass es einem „den Appetit verschlägt", kann viele Ursachen haben: Stress, psychische und organische Störungen. Pollen hilft auf allen diesen Gebieten und regt den normalen Appetit an. Bei einer Pollenkur (siehe Seite 34) brauchen Sie auch keine Angst vor Übergewicht zu haben: Bei Fettsucht reguliert Pollen den Stoffwechsel.

Auch Gelée Royale steigert den Appetit bei appetitlosen, oft untergewichtigen Menschen. Eine Gelée-Royale-Kur (siehe Seite 38) ist gegen Essstörungen zu empfehlen, auch bei Frühgeborenen, Säuglingen oder im Alter.

Arteriosklerose

Verengte Gefäße sind häufig die Ursache für Durchblutungsstörungen. Wir ernähren uns falsch, das Cholesterin im Blut wächst, lagert sich an den Gefäßwänden ab und verengt die Adern. Um trotzdem ausreichend Blut durch den Körper zu pumpen, erhöht das Herz seine Leistung, der Blutdruck steigt. Im Extremfall verstopft ein Gefäß oder eine Ader platzt: Der Betroffene erleidet einen Schlaganfall oder Infarkt. Pollen baut Cholesterin ab und beugt dadurch Ablagerungen vor. Pollen allein kann eine fette und vitalstoffarme Nahrung allerdings nicht wettmachen.

Augenleiden

Die Ärzte Ägyptens, Griechenlands und Roms verschrieben bereits Honig gegen Augenleiden. Plinius d. Ä. bezeichnete ihn gar als „Himmelsmedizin für die Augen". Die medizinische Literatur berichtet beispielsweise über die Heilung eines Hornhautödems durch die Kombination von Honigsalbe, Ahorn- und Acetylcholinsalbe. Das Auge gewann durch diese Behandlung seine normale Sehschärfe zurück. In Sibirien behandelte eine Gruppe von Ärzten beginnenden grauen Star teilweise erfolgreich mit sterilisiertem Honig. Diese schwierige Behandlung dürfen nur Ärzte durchführen, da sie die Augen reizt und rötet.

Konkrete Empfehlungen zur Behandlung von Augenkrankheiten mit Honig gibt es nur wenige. Deswegen muss auch hier darauf verzichtet werden. Das Augenlicht ist viel zur wertvoll, als dass man daran ohne ärztliche Aufsicht herumexperimentieren dürfte.

Pollen ist wegen seines hohen Vitamin-A-Gehalts gut für die Augen. Er stärkt sie vor allem bei anstrengender Bildschirmarbeit und bei Sehstörungen speziell in der Dämmerung und der Nacht.

Gerstenkorn

Gerstenkorn heißt eine bestimmte Entzündung an den Augenlidrändern. Das Lid rötet sich und wird dick. In den Talgdrüsen sammelt sich Eiter, dickt ein und wird im Lauf mehrerer Tage so groß wie ein Gerstenkorn. Kamillentee lindert die Entzündung. Süßen Sie den Tee mit Honig und tupfen Sie das Gerstenkorn damit ab. Anschließend geben Sie Waldhonig auf die Stelle. Das lindert den Schmerz und wirkt entzündungshemmend.

Erkältungen

Erkältungskrankheiten kennt jeder aus eigener Erfahrung. Wenn Sie bereits die ersten Symptome beachten, geben Ihnen Bienenprodukte im Verbund mit anderen Naturheilmitteln die Chance, die Infektion im Keim zu ersticken.

Schon Klaudios Galenos im alten Pergamon gab Honig gegen Erkältungen, und auch viele Hustensäfte aus der Apotheke enthalten heute Honig.

Vorbeugung

Vorbeugung ist besser als Heilen, deshalb empfiehlt der Volksmund: Zur Vorbeugung und zu Beginn einer Erkältung nehme man fünfmal täglich einen Teelöffel Honig. Lassen Sie den Honig im Mund zergehen, damit Sie dort bereits möglichst viele wertvolle Inhaltsstoffe über die Schleimhäute aufnehmen können, bevor sie durch die Magensäure zerstört werden.

Honigeier

Menschen, die zu Erkältungen neigen, empfiehlt der französische Lungenspezialist Dr. Rikor folgendes Getränk zur vorbeugenden Stärkung:

6 legefrische Eier · Saft von 10 Zitronen · 200 g Honig

Eier mit der stumpfen Seite nach oben nebeneinander in ein passendes Gefäß stellen. Zitronen auspressen und das Gefäß mit dem Saft auffüllen, bis die Eier bedeckt sind. Drei bis vier Tage stehen lassen und das Gefäß immer wieder hin und her rütteln, damit sich die Flüssigkeit durchmischt. Wenn sich die Eierschalen in der Säure vollkommen aufgelöst haben und nur noch das Häutchen übrig ist, die Mischung durch ein Sieb passieren und den Honig unterrühren. Im Kühlschrank aufbewahren und vor jeder Mahlzeit 75 ml trinken. Die Rezeptmenge reicht für etwa 10 Tage.

Kräutertee

Die folgenden beiden Kräuterteemischungen eignen sich im Herbst und Frühling vorbeugend gegen drohende Erkältungen:

je 10 g Lindenblüten, Melisse und Hagebutte
je 5 g Erdbeerblätter, Brombeerblätter, Holunderblüten, Hibiskus und Fenchel

Oder:

je 20 g Lindenblüten und Kamille
je 10 g Melisse, Pfefferminze, Hagebutte und Orangenblüten

Jeweils zwei Teelöffel davon mit einem halben Liter kochendem Wasser überbrühen, zehn Minuten ziehen lassen, abseihen, bei Trinktemperatur mit Honig süßen.

Widerstandsmüsli (für 2 Personen)

Imker Gottlieb Ebel empfiehlt zur Vorbeugung gegen Erkältungen folgendes Müsli:

30 g Pollen · 50 g Haferflocken
1 Becher Joghurt · 2 geriebene Äpfel
2 Teelöffel Gelée-Royale-Honig (Rezept Seite 38)

Alles miteinander vermischen, und fertig ist das Widerstandsmüsli. Täglich einmal essen.

Die besten Erfolge mit Gelée Royale erzielen Sie, wenn Sie vorbeugend zum Königinnenfuttersaft greifen. Eine Gelée-Royale-Kur (siehe Seite 38) zu Beginn der kalten Jahreszeit schützt Sie vor Grippe, Schnupfen und vermindert die Empfindlichkeit gegen Kälte.

Kindern, die sich in Kindergarten oder Schule ständig irgendwelcher Erreger erwehren müssen, geben Sie täglich 150 bis 500 Milligramm, je nach Alter und Körpergröße.

Solange es sich um eine gewöhnliche Erkältung handelt: Bewegen Sie sich, gehen Sie (warm eingepackt) an die frische Luft, schlafen Sie ausgiebig, meiden Sie Stress, Alkohol, Nikotin und andere Gifte und gönnen Sie sich Ruhe und Erholung. Lassen Sie eine Bienenwachskerze brennen: Das Licht wärmt die Seele, und die freiwerdenden Pollenöle wirken auf die Atmungsorgane, Nase und Höhlen.

Erkältung im ersten Stadium

Bei den ersten Anzeichen einer Erkältung helfen Sie ihrem Körper am besten folgendermaßen:
- Sie nehmen ein Honig-Heilbad (Rezepte ab Seite 89) mit ätherischen Ölen gegen Erkältung.
- Sie lassen sich mit Ohrkerzen verwöhnen.
- Sie beduften die Wohnung mit wärmenden ätherischen Ölen (Mischung siehe unten)
- Ab ins möglichst vorgewärmte Bett.
- Dort einen Zitronensaft mit Honig oder eine Milch mit Honig trinken.

Duftmischung gegen Kälte

Diese Mischung wärmt bei Erkältung und wenn Sie sich nach seelischer Wärme sehnen. Geben Sie sie in eine Duftlampe oder ein Erkältungsbad.

5 Tropfen ätherisches Honigöl
5 Tropfen ätherisches Lavendelöl
1 Tropfen reines Melissenöl

Eier-Honig-Grog

Besonders in Norddeutschland schwört man auf einen Grog bei aufkommender Erkältung:

200 ml Wasser · 1 Eigelb
1 Esslöffel Honig · 2 Esslöffel Rum

Wasser erhitzen, restliche Zutaten miteinander verquirlen, mit maximal 43 °C heißem Wasser aufgießen. Danach ins Bett und schwitzen.

Wenn alles nichts hilft, probieren Sie die folgenden Rezepte mit Bienenprodukten, allen voran Honig, aus.

Setzt sich die Infektion trotz bewusster Gegenmaßnahmen mehr als zwei Wochen fest, sollten Sie einen Arzt oder Heilpraktiker aufsuchen.

Zwiebelsirup gekocht

Viele schütteln sich bei der Vorstellung, Zwiebelsaft zu trinken, und weigern sich aus Prinzip, das bewährte, einfache und billige Mittel auch nur auszuprobieren. Diese Sorte Patient täte besser daran, die Beipackzettel ihrer Medikamente zu lesen: Die enthalten oft viel unangenehmere Dinge und haben dazu noch Nebenwirkungen, die nicht erwünscht sind.

2 Zwiebeln · 200 ml Wasser
1 Esslöffel und 1 Teelöffel Honig

Zwiebel nur so weit schälen, bis die Erde entfernt ist, in Scheiben schneiden und im Wasser mit einem Esslöffel Honig köcheln lassen, bis der Sirup eindickt. Abseihen, wenn der Sirup nur noch gut warm ist, mit einem Teelöffel Honig nachsüßen. Kinder bekommen alle zwei Stunden einen Teelöffel, Erwachsene einen Esslöffel.

Zwiebelsirup roh

2 Zwiebeln · 1 Esslöffel Honig

Die Zwiebeln auspressen, ergibt eine halbe Tasse Saft, mit Honig süßen; stündlich einen Schluck davon trinken, das empfiehlt die islamische Medizin.

Man kann darüber hinaus jeweils zwei Esslöffel Sirup in eine Tasse warme Milch geben, das lindert den Zwiebelgeschmack.

Wenn Sie keine Saftpresse haben, schneiden Sie die Zwiebeln in Scheiben und geben zwei Esslöffel Honig darüber, stehen lassen: Der Saft sammelt sich und kann einfach abgeseiht werden.

Knoblauchsaft

Knoblauch sollte bei niedrigem Blutdruck nicht eingesetzt werden.

3 Knoblauchzehen · 2 + 1 Esslöffel Honig · 125 ml Wasser

Knoblauchzehen hacken, mit zwei Esslöffeln Honig verrühren und im Wasser zehn Minuten kochen. Einige Stunden stehen lassen, durch ein Tuch auspressen, mit einem Esslöffel Honig süßen, drei- bis fünfmal täglich einen Teelöffel davon nehmen.

Erkältungsbad

Viele ätherische Öle helfen gegen Erkältungen, aber die schleimlösenden Essenzen wirken oft auch aggressiv auf die Haut. Nie ins Badewasser gehören Thymian, Ysop und Tea Tree. Hier ein hautschonendes Erkältungsbad:

je 5 Tropfen ätherisches Honigöl, Zirbelkiefer, Zitrone und Eukalyptus · 150 g Honig

Die Öle im Honig verrühren und ins warme Badewasser geben.

Wenn Sie allein auf die Kraft der Bienen vertrauen wollen, geben Sie auf den Honig nur 20 Tropfen ätherisches Honigöl.

Heiltees mit Honig

Gegen Erkältungen sind viele Kräuter gewachsen. Einfach anzubauen und zu ernten beziehungsweise zu sammeln sind in unseren Breiten Kamille, Melisse, Holunderblüten, Salbei, Spitzwegerich und Thymian. Alle Tees bekommen Sie in der Apotheke und in gut sortierten Teegeschäften.

Teezubereitung: Wenn nicht anders angegeben, werden die Tees mit kochendem Wasser aufgebrüht, ziehen zehn Minuten und werden dann abgeseiht. Geben Sie den Honig erst dazu, wenn der Tee auf unter 43 °C abgekühlt ist. Mit dem Honig, in der Regel einen Teelöffel pro Tasse, kann man sich nicht nur manch bitteren Tee versüßen, sondern mit seiner antibiotischen und schleimlösenden Wirkung unterstützt er auch die Heilwirkung der Pflanzen. Süßen Sie Heiltees nie mit Zucker! Außerdem verbessert und beschleunigt der Honig die Aufnahme der Inhaltsstoffe ins Blut. Heiltees sollten Sie nicht literweise trinken, lieber kräftiger ziehen lassen.

Die chinesische Medizin empfiehlt bei Erkältungen Abkochungen von Thymian oder Löwenzahn mit Honig gesüßt.

Folgende Tees sind bei uns gegen Grippe- und Erkältungskrankheiten gebräuchlich:

Holunderblütentee wärmt, wirkt schweißtreibend und stärkt die körpereigenen Abwehrkräfte. Sie sollten ihn vor allem im Frühjahr und Spätherbst vorbeugend trinken.
Menge: 1 gehäufter Teelöffel Holunderblüten auf 250 ml Wasser
Lindenblütentee duftet fein und sommerlich, gibt dem Körper Wärme und fördert das Schwitzen.
Menge: 1 Teelöffel Lindenblüten auf 250 ml Wasser
Eibischwurzeltee: Die Eibischwurzel hilft gegen trockenen, gereizten Hals. Die Wurzelstückchen werden kalt angesetzt:
1 Esslöffel Eibischwurzeln · 200 ml kaltes Wasser
Eibischwurzeln und Wasser mischen, zwei bis drei Stunden bei gelegentlichem Umrühren stehen lassen, abseihen. Ergibt einen leicht geleeartigen Tee. Sie können ihn nun etwas erwärmen, dann löst sich der Honig besser. Über den Tag verteilt drei bis vier Tassen trinken oder damit gurgeln.

> **Auch diese Heiltees helfen bei Erkältungskrankheiten:**
>
> **Ehrenpreis, Fenchel (schleimlösend), Hagebutte (vitaminreich), Huflattich, Isländisch Moos (gegen Heiserkeit), Kamille (reizlindernd), Königskerze/Wollblume (schleimlösend), Lungenkraut, Malvenblüten (reizlindernd), Melisse, Mistel, Schafgarbe und Thymian (Keuchhusten). Alle angegebenen Tees eignen sich auch zum Gurgeln oder als Basis für Gurgellösungen mit Propolis oder Honig.**

Fiebrige Erkältung

Bei fiebrigen Erkältungen hilft Met (Rezepte ab Seite 28) zusammen mit Mineralwasser oder einem der gerade empfohlenen Tees. Geben Sie 100 ml Met in ein Glas der genannten Tees, trinken Sie die Mischung gut warm und legen Sie sich anschließend hin. Kneipp sagte: „Honigwein wirkt lösend, reinigend, anregend und stärkend. ... Besonders den Fieberkranken ist er ein wahres Labsal."

Haut

Gelée Royale hilft bei verschiedenen Hauterkrankungen. Belegt sind Erfolge bei starker Hornhaut und trockener Pergamenthaut. Auch bei unreiner Haut mit starker Talgbildung und Akne sollten Sie eine Gelée-Royale-Kur (siehe Seite 38) machen.

Die Haut als unser größtes Organ ist oft auch der Anzeiger des psychischen Befindens. Gelée Royale mit seinen positiven Auswirkungen auf die Psyche und das Gesamtbefinden unterstützt deshalb den Heilungsprozess. Nehmen Sie sich Zeit zum Einreiben mit Gelée-Royale-Creme oder -Gel: Die Haut und die Seele genießen Ihre Zuwendung.

Propolissalbe (Rezepte auf dieser Seite) oder Lebertran-Honig-Salbe (Rezept Seite 78) helfen hervorragend bei entzündlichen Hautproblemen, sollten aber nicht bei nässenden Ekzemen einsetzen werden. Angebracht sind sie zum Beispiel bei Babys wundem Po, bei gereizter oder aufgeschürfter Haut, bei wund gelegenen Stellen bettlägeriger Patienten oder beim „Wolf", den sich Radler und Reiter durch Überlastung, unzweckmäßige Kleidung oder falsche Haltung holen.

Bei trockener, verletzter und entzündeter Haut wirkt auch Bienenwachs.

Propolissalbe und Bienenwachscreme können Sie fertig in der Apotheke kaufen oder auch selbst rühren. Dafür wird jeweils die Propolislösung II (siehe Seite 36) verwendet. Hier einige Rezepte:

Propolis-Wachs-Salbe
50 g Bienenwachs · 10–20 ml Propolislösung
Bienenwachs vorsichtig schmelzen, Propolislösung auf etwa 35 °C erwärmen, unter ständigem Rühren tropfenweise zugeben, so lange rühren, bis die Salbe kalt ist. Ergibt eine sehr feste Salbe, die Sie gründlich einmassieren müssen. Vorsichtig aufgestrichen ist sie auch für wunde, gereizte und trocken-rissige Haut geeignet.

Propolissalbe I
(mit Vaseline, nach Dr. Schaper)
5 g Bienenwachs · 100 g Vaseline · 40 ml Propolislösung
Wachs und Vaseline in einem Becherglas oder alten Marmeladenglas (Wasserbad) vorsichtig schmelzen. Unter Rühren auf unter 40 °C abkühlen lassen und Lösung tropfenweise einrühren.

Propolissalbe II
(mit Lanolin)
100 g Lanolin · 40 ml Propolislösung · 7,5 g Bienenwachs
Zubereiten wie Propolissalbe I.

Universalsalbe
40 g Honig · 50 g Pollen · 10 g Gelée Royale
60 g Butter · 30 g Propolislösung
Honig, Pollen und Gelée Royale mischen, möglichst etwas stehen lassen und nochmals rühren. Butter schmelzen, Propolis einrühren, abkühlen lassen, mit der Honigmischung gründlich verrühren, kalt aufbewahren.

Diese Salbe können Sie als echtes Universalmittel nicht nur äußerlich anwenden, sondern auch einnehmen (siehe Propoliskur, Seite 36).

Trockene Ekzeme, auch Neurodermitis, Gürtelrose, Schuppenflechte
15-prozentige Propolissalbe (auch höhere Dosierung möglich) können Sie bei allen Formen von trocken-schuppigen, juckenden Hautkrankheiten und Ekzemen nehmen. In leichten Fällen morgens und abends eincremen, bei schweren Fällen – nicht ohne Rücksprache mit dem behandelnden Arzt! – einen Salbenverband länger einwirken lassen. Wenn die befallenen Stellen abheilen, hinterlassen sie bei Propolisanwendung meist keine Narben.

Sie können die äußere Anwendung durch eine einwöchige Propoliskur (siehe Seite 36) unterstützen.

Hühneraugen und Warzen

Die Volksmedizin setzt Propolissalbe schon lange gegen Hühneraugen und Warzen ein. Reiben Sie sich morgens und abends damit ein. In extremen Fällen hilft ein Salbenverband, aber dann sollten Sie auch zum Arzt oder Heilpraktiker gehen.

Näheres zu Hautpflege und Kosmetik finden Sie im Kapitel Kosmetik (ab Seite 81), zu wunder und verletzter Haut ab Seite 77.

Herz und Kreislauf

Herz- und Kreislauferkrankungen gehören zu den verbreitetsten Krankheiten. Man weiß längst, dass zwei Dinge dagegen vorbeugen: Ausdauersport und eine vernünftige Ernährung; zu letzterer gehört unbedingt Honig. Am Morgen aufs Brot, mittags im Müsli, am Nachmittag im Kuchen und abends im Salat. Viele Ärzte, auch in Deutschland, haben in Versuchsreihen die herzstärkende Wirkung des Honigs nachgewiesen. Er hilft bei Herzschwäche, Herzrhythmusstörungen, Durchblutungsstörungen der Herzkranzgefäße, Entzündungen des Herzmuskels, Schädigungen nach Infektionskrankheiten oder Infarkten sowie bei Hypertonie und reguliert den Blutdruck. Wenn man außerdem die negativen Auswirkungen des Industriezuckers bedenkt, fragt man sich, warum der Genuss von Honig nicht allen Herzpatienten zur Pflicht gemacht wird. In einigen Kliniken wird Honig bei schweren Herzschäden und nach Herzoperationen sogar intravenös angewendet.

Empfohlen wird auch die Apfelessig-Honig-Mischung (Rezept Seite 64). Trinken Sie zweimal täglich ein Glas. Das stärkt den Kreislauf und damit die Durchblutung.

Nach Pfarrer Kneipp stärkt auch Met (Rezepte ab Seite 28) das Herz: Trinken Sie zu oder nach den Mahlzeiten drei- bis viermal täglich ein Likörgläschen Met.

In China empfiehlt die traditionelle Medizin bei Kreislaufstörungen aller Art Zwiebeln mit Honig (Rezepte Zwiebelsirup Seite 52).

Zwiebelmus
1 Zwiebel · 1 Esslöffel Honig

Zwiebel fein zerreiben, mit Honig mischen. Nehmen Sie davon täglich dreimal einen Teelöffel.

Haferflockenmus
1 Eigelb · 1 Esslöffel Haferflocken · 1 Esslöffel Honig

Eigelb, Haferflocken und Honig miteinander verrühren. Vier bis sechs Wochen lang jeden Morgen essen. Hilft bei niedrigem Blutdruck.

Herzwein
30 Gramm Petersilienstängel · 1 Flasche Rotwein
Honig und Eigelb nach Bedarf

Die Petersilienstängel klein schneiden, in den Rotwein geben und gut verkorkt zwei Wochen lang ziehen lassen.

Für die tägliche Ration 100 ml Petersilienwein mit zwei Teelöffeln Honig und einem Eigelb verrühren und über den Tag verteilt schluckweise trinken. Diese Mischung hilft bei nervösen Herzbeschwerden, ist aber selbstverständlich nichts für Kinder und Alkoholkranke.

Durchblutung

Propolis fördert die Durchblutung. Haben Sie häufig kalte Hände und Füße, dann reiben Sie die betroffenen Regionen regelmäßig mit Propolissalbe (Rezepte Seite 54) ein. Eine Propoliskur (siehe Seite 36) kann bei vielen Beschwerden, auch organischen, helfen, die durch eine schlechte Durchblutung verursacht werden.

Als Folge schlechter Durchblutung treten vor allem bei älteren Menschen Gefäßkrämpfe auf. Wenn Sie darunter leiden, massieren Sie sich jeden Abend vor dem Schlafengehen die betroffenen Arme oder Beine mit Propolissalbe ein.

Homöopathie: Apis

Für die homöopathischen Anwendungen des Bienengiftes, Apis genannt, sollten Sie sich einem erfahrenen Therapeuten anvertrauen. Dosierung und Potenz der Mittel sind sehr komplex und setzen eine genaue Analyse des Patienten und des Krankheitsbildes voraus. Spezielle Informationen über die Homöopathie finden Sie in der Fachliteratur, vielleicht machen Sie die folgenden Erläuterungen ja neugierig auf die „sanfte Medizin".

Homöopathie geht grundsätzlich von den Symptomen aus; die exakte Schilderung des Patienten und die detaillierte Befragung durch den Homöopathen sind deshalb sehr wichtig. Das zweite Prinzip der Homöopathie ist, Gleiches mit Gleichem zu behandeln.

Insektenstiche
Insektenstiche brennen, jucken, werden heiß und schwellen an. Die herkömmliche Medizin kühlt. Die Homöopathie verabreicht Bienengift, Apis (D2 bis D6 bei akuten Fällen), allerdings in verschwindend niedriger Konzentration. D + eine Zahl gibt die Potenz der Verdünnung an: Je höher die Zahl, desto weniger Anteile des Mittels sind enthalten. Heilmittel, deren Ursubstanz Gifte sind, werden in der Regel in der vierten bis sechsten Potenz, ungiftige Heilmittel in der ersten bis dritten Potenz verordnet. Das ist aber je nach homöopathischer Schule verschieden. Egal, in welcher Verdünnung: Nach der homöopathischen Theorie reagiert der Körper auf das Gift und bekämpft es – und bekämpft damit gleichzeitig die Beschwerden, um die es eigentlich geht.

Stechende und brennende Schmerzen
Apis hilft bei Krankheiten und Entzündungen, die von stechenden und brennenden Schmerzen begleitet sind. Patienten schildern oft, dass „es brennt wie Feuer", oder „es sticht plötzlich". Folgende Krankheitsursachen können dafür in Frage kommen: Ischias, Nesselsucht, Ausschläge, Haut- und Nagelgeschwüre, Scharlach, Hirnhautentzündung, Nasen-, Rachen- und Kehlkopfentzündung, Blasenentzündung, Gelenkentzündungen und -erkrankungen.

Entwässerung
Mit Wasser gefüllte Schwellungen (Ödeme), zum Beispiel hängende Augensäcke oder Wasseransammlungen im Rachen, behandeln Homöopathen ebenfalls mit Apis. Das Bienengift hat einen stark harntreibenden Effekt und kann deshalb den Körper nicht nur zum Abbau von Ödemen anregen, sondern auch Leberstauungen lösen oder die Behandlung von Nieren- und Blasenentzündungen wirksam unterstützen.

Gicht
Bei Gicht wirkt Apis in Zusammenhang mit anderen Mitteln, vor allem bei schmerzhaften, fieberhaften, akuten

Gichtanfällen und wenn das Gichtleiden in Zusammenhang mit einem Nierenleiden steht.

Rheuma und Arthritis
Wie in der herkömmlichen Schulmedizin gibt es auch in der homöopathischen Medizin Bienengift bei rheumatischen Erkrankungen und Gelenkbeschwerden, aber selbstverständlich in hoch verdünnten Dosierungen.

Modalitäten
Unter Modalitäten verstehen die Homöopathen Einflüsse, die einen Zustand besser oder schlimmer machen, und charakteristische Symptome, für die ein bestimmtes Mittel geradezu spezifisch ist. Neben den schon erwähnten brennenden und stechenden Schmerzen ist Apis bei folgenden Modalitäten angesagt:

Panische Atemnot: Das Gefühl, als ob jeder Atemzug der letzte wäre. Hier kann Apis Linderung verschaffen.

Schreie im Schlaf: Apis gilt als allgemeines Stärkungsmittel und wirkt bei bestimmten Konstitutionen gegen Nervosität und Schlaflosigkeit, vor allem dann, wenn der Patient in einen krankhaften, tiefen, betäubenden Schlaf fällt, der durch schrilles Aufschreien unterbrochen wird. Dieses Symptom kommt oft bei Gehirnkrankheiten vor.

Durstmangel: „Durst fehlt fast völlig" – wenn Patient und Homöopath zu diesem Ergebnis kommen, kann Apis gefragt sein.

Husten und Bronchitis

Das klassische Mittel gegen Husten und Bronchitis ist heiße Milch mit Honig (Rezept Seite 26). Die Ayurveda-Medizin gibt noch pulverfein gemahlenen Pfeffer oder frisch ausgepressten Zwiebelsaft bei. Diese altindische Medizin schätzt Honig überhaupt bei Erkrankungen der Lungen und Bronchien:

Milch-Fenchel-Honig
250 ml Vollmilch · 2 Teelöffel zerdrückte Fenchelfrüchte
2 Esslöffel Honig
Milch mit den Fenchelfrüchten aufkochen, abseihen, nach dem Abkühlen auf unter 43 °C Honig einrühren. Trinken Sie täglich zwei Gläser davon. Das löst den Husten und reinigt die Bronchien.

Bei Bronchitis helfen auch roher und gekochter Zwiebelsirup (Rezepte Seite 52) plus einem dicken Thymianzweig im Sud.

Zwiebelsirup mit Emser Salz
1 kleine Zwiebel · 100 g Honig · 3 Teelöffel Emser Salz
Zwiebel klein schneiden, mit dem Honig fünf Minuten erhitzen, aber nicht kochen, nach dem Erkalten das Emser Salz einrühren. Nehmen Sie davon morgens, mittags und abends einen Teelöffel. Das lindert den Husten und löst den Schleim.

Rettichsirup
Rettichsaft hilft gegen Husten, Bronchitis, Keuchhusten und fieberhafte Erkältungen. Er löst den Schleim und verbessert das Durchatmen.
1 großer schwarzer Rettich · 1 Esslöffel Honig
Es gibt verschiedene Empfehlungen, wie man aus dem Rettich seine Wirkstoffe ziehen kann:

Rettich putzen oder schälen, in Scheiben schneiden, Honig darüber geben, stehen lassen – so machte es Kneipp.

Oder: Rettich aushöhlen, das Innere raspeln, einen Teil davon mit Honig vermischen, in den Rettich zurückfüllen, stehen lassen.

Oder: Rettich putzen bzw. schälen, raspeln und mit Honig vermischt in einem Schälchen stehen lassen.

Egal, welche Methode Sie wählen: Der Honig zieht den Saft heraus. Davon nehmen Sie alle zwei bis vier Stunden einen Esslöffel, Kinder einen Teelöffel. Bereiten Sie den Sirup täglich neu, da er leicht schimmelt.

Meerrettichsirup
50 g Meerrettich · 50 g Honig

Meerrettich frisch reiben, mit Honig mischen, stehen lassen. Vom sich bildenden Saft nehmen Sie bei Husten dreimal täglich einen Teelöffel. Der Meerrettichsirup soll auch Asthma lindern.

Meerrettich-Zwiebel-Honig
1 Esslöffel frisch geraspelter Meerrettich
2 + 1 Esslöffel Honig
1 kleine gehackte Zwiebel · 100 ml Wasser

Meerrettich mit zwei Esslöffeln Honig mischen, Zwiebel unterrühren, im Wasser aufkochen lassen, abkühlen unter 43 °C, mit einem weiteren Esslöffel Honig süßen. Nehmen Sie davon täglich fünfmal einen Teelöffel gegen Husten und Asthma.

Honig-Thymian-Tee
200 ml Wasser · 1 Knoblauchzehe · 1 Teelöffel Thymianblätter
Saft einer halben Zitrone · 1 Teelöffel Honig

Wasser kochen, Knoblauch fein hacken, Thymianblätter und Knoblauch mit dem kochenden Wasser überbrühen, zehn Minuten ziehen lassen, abseihen. Eine halbe Zitrone auspressen, den Honig darin lösen, diese Zutaten dem unter 43 °C warmen Tee dazugeben und verrühren.

Spitzwegerichsaft

Bei Verschleimungen aller Organe hilft Spitzwegerichsaft. Sie bekommen ihn in der Apotheke oder im Reformhaus, können ihn aber auch selbst zubereiten, dann ist er garantiert rein und frisch.

Dafür sammeln Sie die schmalen, von fast parallelen Adern durchzogenen Blätter. Die Pflanze wächst auf Wiesen und am Wegesrand und liebt es feucht. Drücken Sie das Sammelgut aus oder schneiden Sie die Blätter in Stücke; Honig darüber geben und ziehen lassen. Vom Sirup nehmen Sie dreimal täglich einen Teelöffel. Gekauften Spitzwegerichsaft immer mit Honig nachsüßen!

Spitzwegerich gilt als Lungenheilpflanze. Sein Tee hilft gegen Husten, Bronchitis, Atembeschwerden und Asthma. Sie können die Blätter auch auffädeln, trocknen lassen und klein geschnitten für den Tee verwenden.

Salbeitee

Der Salbei hat eine stark keimtötende Wirkung. Er löst Krämpfe und Reizhusten und beruhigt. Wenn Sie allerdings schwitzen wollen, sollten Sie keinen Salbeitee trinken: Er wirkt schweißhemmend. Der süßende Honig hilft nicht nur, sondern lindert auch den leicht bitteren Geschmack, den vor allem Kinder ablehnen. Deswegen wird Salbei meist in Teemischungen gekocht.

Alantwurzeltee
10 g Alantwurzel · 250 ml Wasser · 1 Teelöffel Honig

Fein geschnittene Alantwurzel im Wasser etwa 15 Minuten kochen. Sie können auch etwas Süßholz dazugeben. Tee abkühlen lassen und mit Honig süßen. Die Alantwurzel erleichtert quälenden Husten und löst hartnäckigen Schleim bei Bronchitis.

Auch Tees von Isländisch Moos (gegen Heiserkeit), Kamille (reizlindernd), Malvenblüten (reizlindernd) und Thymian (Keuchhusten) helfen, mit einem Löffel Honig gesüßt, bei Husten, Heiserkeit und anderen Atemwegserkrankungen.

Honig-Inhalation
Bei Bronchitis, Asthma und anderen akuten Beschwerden der Atemorgane können Inhalationen mit Honig helfen. Auch bei chronisch Kranken konnte man damit Erfolge verbuchen.

1 Liter Wasser · 200 g Honig

Wasser abkochen, auf 43 °C abkühlen lassen, in eine große Schüssel geben und den Honig darin lösen. Die Schüssel auf einen niedrigen Tisch oder Stuhl stellen, sich darüber beugen und mit einem großen Tuch über dem Kopf ein „Zelt" bauen. Atmen Sie so zweimal täglich je zehn Minuten den heilsamen Honignebel ein: Fünf Minuten durch die Nase ein- und durch den Mund ausatmen, die zweiten fünf Minuten umgekehrt. Lassen Sie zur Ergänzung fünfmal täglich einen Teelöffel Honig im Mund zergehen. Chronische Erkrankungen behandeln Sie so ein bis zwei Monate.

Leinsamenwickel
2 Esslöffel geschrotete Leinsamen · 2 Esslöffel Honig

Leinsamen mit Honig verrühren, auf den Hals auftragen und mit einem dichten Tuch locker umwickeln. Wenn Ihnen niemand hilft, können Sie den Wickel selbst anlegen, indem Sie das Leinsamen-Honig-Gemisch auf das Tuch streichen und es sich dann um den Hals legen. Dieser Wickel wird gegen Halsentzündungen empfohlen.

Immunsystem

Ein starker Körper wird nicht krank. Pollen, Propolis, Honig und Gelée Royale helfen dem Körper bei der Abwehr unerwünschter Erreger – auch wenn uns eigentlich unser Immunsystem vor Krankheiten und Infektionen bewahren und mit eingedrungenen Erregern fertig werden sollte. Doch die meisten Menschen leben heute mit einem geschwächten Immunsystem: Schlechte Ernährung, wenig Bewegung, Stress und die Umweltverschmutzung sind einige Faktoren dafür.

Seit Aids sich ausbreitet, untersucht die Wissenschaft verstärkt das köpereigene Immunsystem und entdeckt immer wieder neue Zusammenhänge. Man nehme Mittel A, um Krankheit B zu besiegen – so einfach, wie Ärzte das gerne hätten, geht es nicht. Bienenprodukte sind kompliziert, Honig enthält zum Beispiel an die 200 Inhaltsstoffe in wechselnder Zusammensetzung. Die komplexe Zusammensetzung „bewahrt" Bienenprodukte davor, als Arzneimittel zu gelten. In ihrer geheimnisvollen Zusammensetzung dürfte aber auch ihre besondere Kraft liegen. Nehmen Sie regelmäßig Pollen und Honig zu sich, vor allem in den infektionsreichen Übergangszeiten, dann kann sich folgendes Sprichwort bewahrheiten: „Ein Bienenstock vertreibt zehn Ärzte."

Propolis enthält bis zu sieben Antibiotika und ist deshalb das bevorzugte Mittel bei der Abwehr von Infekten aller Art. Machen Sie im Herbst und im Frühjahr eine vorbeugende Propoliskur (niedrig dosiert) oder bekämpfen Sie akute Erreger mit höherer Dosis (siehe Seite 36).

Pollen enthält ein natürliches Antibiotikum. Er stärkt die körpereigenen Abwehrkräfte gegen Infektionen besonders im Winter oder zu Schwächezeiten das ganze Jahr über. Machen Sie bei Bedarf eine mehrwöchige Pollenkur (siehe Seite 34).

Honig stärkt Herz und Kreislauf, gibt Energie, hilft der Leber, die für die erste Bakterienabwehr zuständig ist, und enthält außerdem geringe Mengen natürlicher Antibiotika. Alles zusammen stärkt die Abwehrbereitschaft des Körpers, deshalb sollten Sie täglich mindestens einen Löffel Honig zu sich nehmen, am besten morgens.

Honigkur

je 1 schwacher Teelöffel Kamille und Schafgarbe
100 ml Wasser · Honig

Kamille und Schafgarbe mit gekochtem Wasser aufgießen, zehn Minuten stehen lassen, abseihen. Sie können Ihren Tagesbedarf auch auf Vorrat kochen. Trinken Sie jeweils vor den Mahlzeiten eine halbe Tasse kurmäßig zehn Wochen lang: In der ersten Woche süßen Sie den Tee mit einem halben Teelöffel Honig, in der zweiten mit einem Teelöffel und steigern die Honigzugabe bis zur sechsten Woche (drei Teelöffel). Dann wieder reduzieren. Das wird Ihr Allgemeinbefinden deutlich verbessern.

Herpes

Was als Herpes bezeichnet wird, ist der Ausbruch einer Vireninfektion, meist an den Lippen oder – sehr schmerzhaft – in der Schamgegend. Die Herpesviren haben sich in den meisten Menschen eingenistet, eine erfolgreiche Attacke gelingt ihnen aber nur, wenn unser Körper geschwächt ist. Das ist zum Beispiel bei Fieber der Fall. Dann ringt der Körper mit anderen Erregern, und die Herpesviren nutzen die Gunst der Stunde, was zum Namen Fieberbläschen geführt hat. Zu viel Sonne strapaziert ebenfalls den Körper, weswegen manche Menschen „ihren Herpes" nach zu langen Sonnenbädern bekommen. Auch die volkstümliche Erklärung „Du hast den falschen Mann geküsst / vom falschen Glas getrunken" ist stimmig, denn Ekel oder psychischer Stress schwächen ebenso die Abwehrkräfte des Körpers.

Herpes kündigt sich durch sich spannende Lippen und Juckreiz an: Pinseln Sie möglichst sofort Propolislösung (Rezepte Seite 36) auf die Lippen, hier zählt wirklich jede Stunde. Der Ausbruch ist dann oft schon gar nicht mehr so schlimm. Zweimal auftragen pro Tag genügt: Propolis lindert die Schmerzen sofort und beschleunigt das Abheilen. Normalerweise sind Sie die Bläschen nach zwei Tagen wieder los, und die Wunde heilt narbenfrei und ohne Komplikationen ab. Ihr geschwächtes Immunsystem stärken Sie durch die Einnahme von Propolis: Kauen Sie rohe Propolisstückchen und geben Sie dabei etwas von Ihrem Speichel auf die befallene Stelle.

Sollten Sie besonders stark unter Herpes leiden, fragen Sie einen Apitherapeuten nach einer äußerst wirksamen Honig-Procain-Lösung. Diese wird intravenös gespritzt. Der Verlauf in Versuchsreihen erwies sich erfolgreich gegen Herpes.

Kopfschmerzen

Ohrkerzen (siehe Seite 41 f.) lindern Kopfschmerzen. Besonders gut sollen sie nach einem Bericht der „Ärztezeitschrift für Naturheilverfahren" in Kombination mit Akupunktur wirken. Einsetzen sollten Sie die Ohrkerzen vor allem bei Spannungskopfschmerz. Aber auch bei unklaren, immer wiederkehrenden Schmerzen sind Ohrkerzen einen Versuch wert.

Sie helfen auch bei Schwindel und Druck im Kopf, der viele Menschen bei Erkältungen und anderen Erkrankungen benommen macht. Bei Nachwehen einer Erkältung oder Grippe kann bereits eine einzige Anwendung genügen. Auch Taucher und Flugreisende leiden manchmal unter tagelangem Druck im Ohr; bei entsprechenden Unternehmungen sollten Sie also Ohrkerzen einpacken.

Leber und Galle

Die Ärzte im alten Rom empfahlen Honig unter anderem zur Entgiftung nach Opiumgenuss. Heute weiß man, warum: Honig unterstützt die Leber, weil er ihr den notwendigen Traubenzucker liefert. In den zwanziger Jahren des vergangenen Jahrhunderts wies ein Arzt nach, dass die Leber als „Putzmaschine des Körpers" (Entgiftung) nur funktioniert, wenn ihr genügend Traubenzucker zur Verfügung steht. Fehlt er, verfettet die Leber. Besser als der pure Traubenzucker wirkt Versuchen zufolge die Zuckermischung, wie sie der Honig liefert: Traubenzucker plus Fruchtzucker. Blütenhonig enthält mehr Traubenzucker als Waldhonig. Deshalb sollten Sie ihn bevorzugen, wenn Sie die Leberfunktion unterstützen wollen.

Lebererkrankungen sind eine ernst zu nehmende Angelegenheit, deshalb sollten Sie bei einem entsprechenden Verdacht immer zum Arzt gehen. Honig begleitend eingenommen unterstützt die Therapie.

Pollenhonig (Rezept Seite 74) sollte zu Ihrer täglichen Ernährung gehören, wenn Sie zu Leber- und Gallenleiden neigen. Eine vierwöchige Kur mit täglich 20 bis 30 Gramm Pollenhonig (vier bis sechs Teelöffel über den Tag verteilt einnehmen) verbesserte nachweislich die Laborwerte entsprechender Patienten.

Honig beschleunigt die Entgiftung nach Behandlungen mit Medikamenten und nach Narkosen. Er baut außerdem den Alkohol im Blut schneller ab, was jetzt aber nicht als Aufforderung zu exzessivem Trinken verstanden werden soll.

Blutreinigung

Wenn Sie im Frühjahr eine Blutreinigungskur durchführen wollen, empfehlen sich die folgenden zwei Rezepte. Auch die Apfelessig-Honig-Mischung (Rezept Seite 64) reinigt das Blut. Trinken Sie auf nüchternen Magen dreimal täglich ein Glas.

Holunderblättertee

3 junge Holunderblätter · 150 ml Wasser
1 Teelöffel Honig

Am besten ist es, wenn Sie die Holunderblätter frisch vom Strauch pflücken und in schmale Streifen schneiden. Mit dem Wasser eine Viertelstunde vorsichtig sieden. Auf unter 43 °C abkühlen lassen und den leicht bitteren Tee mit Honig süßen. Trinken Sie jeden Morgen vor dem Frühstück eine kleine Tasse, vier bis sechs Wochen lang. Der Trank reinigt das Blut, weil er die Leberfunktion unterstützt, und stellt den Organismus auf den Frühling um.

Schlüsselblumentee

1 Esslöffel Schlüsselblumenblüten (getrocknet)
250 ml Wasser · 1 Esslöffel Honig

Schlüsselblumenblüten im Wasser kochen, zehn Minuten ziehen lassen, abseihen, mit Honig süßen.

Der Tee reinigt den Körper von Schleim, Schlacken, Harnsäure und anderen Abfallstoffen, die sich über den Winter in ihm angesammelt haben. Er hilft auch bei Altershusten.

Nach Pfarrer Kneipp wirkt auch Met (Rezepte ab Seite 28) blutreinigend: Trinken Sie zu oder nach den Mahlzeiten drei- bis viermal täglich ein Likörgläschen Met – ausgenommen Alkoholkranke und Kinder.

Lebensmittelvergiftung

Schon Dioskorides kannte den Honig als Mittel gegen Vergiftungen. Bei Verdacht auf Lebensmittelvergiftung sollten Sie allerdings sofort zum Arzt gehen. Die Einnahme von Honig kann nur die entsprechende Therapie unterstützen. Einen eventuellen Brechreiz dürfen Sie bei Verdacht auf Lebensmittelvergiftung auf keinen Fall unterdrücken, im Gegenteil: Der Körper weiß schon selbst, warum er etwas nicht mag. Deshalb ist bei solchen Fällen die Unterstützung des Brechreizes geboten. Dazu sollten Sie Honig in Obstessig lösen und alle Viertelstunde ein Glas trinken.

Entgiftung

Wissenschaftlich bewiesen ist es nicht, doch wird immer wieder berichtet, dass die Propolis den Körper vor allem von Schwermetallen entgiftet – eine wertvolle Eigenschaft angesichts der Umweltbelastungen, denen unser Körper Tag für Tag ausgesetzt ist.

Für Raucher, wenn sie ihr Laster schon nicht lassen können, sollte die Propolis zur Pflichtarznei werden: Sie baut angeblich Teerablagerungen ab und fördert die Durchblutung. Machen Sie zweimal im Jahr eine Propoliskur (siehe Seite 36).

Leberentzündung (Hepatitis)/Gelbsucht

Medikamente, Alkohol, Umweltgifte, falsche Ernährung – wer seine Leber ständig überlastet, bekommt irgendwann eine Leberentzündung (Hepatitis). Wenn Sie Ihr Verhalten nicht ändern, kann sie chronisch werden. Die Krankheit gehört in ärztliche Behandlung. Begleitend tun Sie gut daran, Honig einzunehmen. Er stärkt die Leber und hilft beim Wiederaufbau der aktiven Leberzellen.

Dasselbe gilt bei Gelbsucht, die aus einer nicht behandelten Hepatitis entsteht.

Honigquark

Die Leber schmerzt nicht – leider, möchte man sagen, denn mancher Raucher oder Alkoholiker würde sein Laster ablegen, wenn er das Organ bei jeder Überbelastung spürte. Sie helfen Ihrer Leber, indem Sie regelmäßig folgende Quarkmischung essen:

1 Esslöffel Leinsamen · 125 g Quark · 1 Teelöffel Honig
nach Belieben Milch oder Mineralwasser

Leinsamen schroten, mit Quark und Honig mischen. Einmal täglich eine Woche lang essen. Wenn Ihnen der Quark zu trocken ist, rühren Sie etwas Milch oder Mineralwasser unter.

Gallenbeschwerden und Gallensteine

Die Leber entgiftet nicht nur, sie verteilt auch fast alle Stoffe, die der Verdauungsapparat aus der Nahrung herausgelöst hat, und bildet die zur Fettverdauung notwendige Gallenflüssigkeit. Die Gallenblase ist lediglich Speicherorgan für die Gallenflüssigkeit. Produziert die Leber zu wenig Galle, konzentriert sich die Flüssigkeit und kristallisiert: Gallensteine entstehen. Während ein großer Gallenstein oft unbemerkt bleibt, schmerzen kleinere

Stückchen, wenn sie in Bewegung geraten. Besonders schmerzhaft wird es, wenn kleine Steine in die Gallengänge gespült werden und diese verstopfen. Die Galle staut sich zurück: Gallenkolik. Wer jemals eine solche erlitten hat, wünscht sie nicht seinem ärgsten Feind.

Ein altes Hausmittel bei schlechtem Gallenfluss und Neigung zu Gallensteinen ist Honigmilch (Rezept Seite 26), zubereitet mit zwei Esslöffeln Blütenhonig. Als Kur drei Wochen lang täglich zwischen den Hauptmahlzeiten ein Glas trinken.

Honigdotter

1 Eidotter · 2 Teelöffel Honig

Vermischen Sie den Eidotter mit dem Honig und nehmen Sie diesen „Cocktail" jeweils eine Stunde vor den Hauptmahlzeiten, am besten auf nüchternen Magen, ein: Die Galle zieht sich zusammen und entleert sich.

Johanniskrauttee

1 Teelöffel Johanniskraut · 200 ml Wasser
1 Teelöffel Blütenhonig

Johanniskraut mit Wasser kalt ansetzen, kurz aufkochen und zugedeckt ziehen lassen. Mit Honig süßen. Hilft bei Leberstörungen und Gallenblasenentzündungen, hat reinigende Wirkung.

Magersucht

Bei den gefährlichen „Mode"-Krankheiten Magersucht und Bulimie (Ess-Brech-Sucht) können Honig, Pollen und Gelée Royale helfen.

Die alltägliche Präsenz untergewichtiger Models in Zeitschriften setzt jungen Menschen, vor allem Frauen, falsche Vorbilder in den Kopf. Mittlerweile sind die Erkrankungen als Sucht erkannt und werden im günstigen Fall auch entsprechend umfassend, das heißt physisch und psychosozial, behandelt. Magersucht ist wie Alkoholismus eine Krankheit, deren akuten Auswüchse man zwar eindämmen kann, mit denen man jedoch ein Leben lang zu kämpfen hat.

Honig sollte diese Patienten durchs Leben begleiten. Selbst im akuten Fall wird er leicht vom Körper aufgenommen und stärkt ihn. Er reguliert die Magen- und Darmtätigkeit und lindert Reizungen, die das extreme Essverhalten ausgelöst hat.

Auch Pollen und Gelée Royale verbessern Appetit und Leistungsfähigkeit und können eine professionelle Therapie unterstützend begleiten.

Menstruation

Gelée Royale reguliert die monatlichen Blutungen der Frau – besonders erfolgreich dann, wenn Psyche und Stress Krämpfe und Schmerzen verursachen oder die Regel ganz ausbleibt. Machen Sie eine achtwöchige Gelée-Royale-Kur (siehe Seite 38).

Aufgrund hormonartiger Substanzen kann Gelée Royale auch Menstruationsschwankungen bei jungen Mädchen oder Frauen in den beginnenden Wechseljahren ausgleichen. Es empfiehlt sich eine dreimonatige Kur mit geringer Dosis: täglich 100 Milligramm für Mädchen, 200 bis 300 Milligramm für Frauen.

Propolis soll den Monatszyklus vor allem jüngerer Mädchen regulieren, übermäßige Blutungen normalisieren und Menstruationsschmerzen lindern. Erklären kann man diese Wirkung nicht. Vielleicht ist es eine Kombination aus durchblutungsfördernder und vegetativ-regulierender Wirkung. Schaden kann eine etwa achtwöchige Propoliskur (siehe Seite 36) auf keinen Fall.

Milchschorf

Milchschorf ist ein Ekzem, das Babys ab dem dritten Monat bekommen können. Der Grund liegt meist in der Ernährung. Bei Stillkindern sollte die Mutter ihre Ernährung auf kritische Stoffe untersuchen. Bei Flaschenkindern kann eine ein- bis zweitägige Umstellung auf Kamillentee, gesüßt mit Honig, Linderung bringen.

Müdigkeit

Gegen Müdigkeit können Honigbäder helfen, wenn man ihnen geeignete ätherische Öle zugibt, zum Beispiel Bergamotte, Eisenkraut (= Verbena), Lavendel, Limette, Meerkiefer, Minze, Myrte, Rosmarin, Wacholder, Wiesenkönigin, Zirbelkiefer, Zitrone.

Muntermacher-Bad
10 Tropfen Wacholder · 4 Tropfen Zitrone
2 Tropfen Zirbelkiefer · je 2 Tropfen Lavendel und Limette
Ätherische Öle in die Bademischung eines Honigbades (Rezepte ab Seite 89) geben und im 38 °C warmen Badewasser lösen. Höchstens zehn Minuten baden.

Mund und Rachen

Propolis wirkt positiv auf alle Schleimhäute. Sie können die Wirkung unmittelbar spüren: Nehmen Sie einen Schluck Propoliswasser (Rezept Seite 65) und spülen Sie den Mund damit. Wie eine Schutzschicht kleidet die Propolis den Raum aus, beruhigt, schützt und heilt.

Auch Wabenhonig wirkt gegen Entzündungen in Mund und Rachen und lindert die Schmerzen. Nehmen Sie bei akuten Beschwerden fünfmal am Tag einen Teelöffel Wabenhonig und kauen Sie ihn zehn bis 20 Minuten aus. Wenn es Ihnen besser geht, kauen Sie weitere ein bis zwei Wochen lang dreimal pro Tag einen Teelöffel voll.

Mundgeruch
Mundgeruch hat seine Ursache entweder im Magen oder im Mund- und Rachenbereich. Das Kauen roher Propolis mehrmals täglich, bis der Geruch weg ist, tötet Bakterien und Keime ab, hilft dem Magen bei der Verdauung.

Wer den Propolisgeschmack pur nicht mag, greift zu Propolisbonbons: Sie schmecken nach Honig oder Karamell. Auch Gurgeln und Spülen hilft: Fünf Tropfen Propolislösung (Rezepte Seite 36) in ein Glas lauwarmen Pfefferminztee geben. Reinigt Mund und Rachen.

Halsschmerzen
Honigwasser war schon im Altertum bekannt als stärkender und erfrischender Trunk und zum Gurgeln bei Halsschmerzen. Auch die Chinesen empfehlen es.

Honigwasser
1 Teelöffel Honig · 1 Glas lauwarmes Wasser
Den Honig auflösen, das lauwarme Honigwasser gurgeln.

Apfelessig-Honig-Mischung
200 ml Wasser · 2 Esslöffel Honig · 2 Esslöffel Apfelessig
Wasser kochen, lauwarm abkühlen lassen, Honig und Apfelessig darin verrühren. Bei Heiserkeit gurgeln.

Propoliswasser

Fünf Tropfen Propolislösung (Rezepte Seite 36) in ein Glas lauwarmen Kamillen- oder Salbeitee geben und bei schmerzenden Halsentzündungen damit gurgeln.

Propolis-Gurgellösung mit ätherischen Ölen

je 1 Tropfen ätherisches Öl Pfefferminze, Tea Tree (Teebaum), Thymian und Lavendel · 20 ml Propolislösung

Ätherische Öle und Propolislösung miteinander verschütteln, drei Tropfen davon in ein halbes Glas warmes Wasser geben und gurgeln. Nicht schlucken!

Sehr gut ist auch das Kauen von roher Propolis oder Sie nehmen Propolislösung (eine kleine Glaspipette voll, Rezepte Seite 36) in den Mund und schlucken sie nur langsam. Das ist wirklich bittere Medizin, aber sie hilft bei akut schmerzhaften Entzündungen der Mund- und Rachenschleimhäute ebenso wie bei hartnäckig anhaltenden und lindert die Schmerzen. Anfangs in zweistündigem Abstand einnehmen, und zwar so lange, bis eventuelles Fieber sinkt und die Schluckbeschwerden verschwinden, dann die Häufigkeit reduzieren.

Mandelentzündung

Eine Mandelentzündung gehört immer in die Behandlung eines Arztes.

Als Erste Hilfe gegen die Schmerzen wirkt Honig: Lassen Sie einen Löffel Honig im Mund zergehen, am besten dicken, kristallisierten Honig.

Propolis lindert Mandelentzündungen und sollte vor allem bei hartnäckig und immer wiederkehrenden Erkrankungen ausprobiert werden: Alle paar Stunden 20 Tropfen Propolislösung (Rezepte Seite 36) auf einen Löffel Honig geben und langsam im Mund zergehen lassen, schlucken. Zusätzlich Propoliswasser (Rezept links) gurgeln. Bei abklingenden Beschwerden Dosierung und Häufigkeit reduzieren.

Nach Mandeloperationen hilft Propolis die Blutung stillen.

Geschwüre, Aphthen

Die kleinen, rot entzündeten offenen Stellen im Mund machen manchen Menschen das Leben zur Hölle. Jede Berührung durch die Zunge schmerzt, das Essen wird zur Qual. Behandeln Sie die befallenen Stellen dreimal täglich mit Propolislösung (Rezepte Seite 36), am praktischsten mit einem weichen Pinselchen. Kauen Sie einmal täglich kleine Propolisstücke oder lutschen Sie Propolisbonbons. Legen Sie abends ein möglichst flaches Propolisstückchen auf die Aphthe, das lindert den Schmerz und fördert die Heilung über Nacht.

Nervosität

Pollen hilft bei Nervosität – allerdings nicht wie ein Beruhigungsmittel in wenigen Minuten, sondern nur als mindestens vierwöchige Pollenkur (siehe Seite 34). Der hohe Vitamin-B-Gehalt und die Hormone im Pollen beeinflussen den Stoffwechsel in den Nerven und im Gehirn positiv. Pollen behebt vor allem auch Schlafstörungen infolge von Nervosität.

Entspannendes Pflegebad

10 Tropfen Lavendelöl
je 4 Tropfen ätherisches Öl Rosenholz, Geranie und Honigöl

Öle in die Bademischung eines Honigbades (Rezepte ab Seite 89) geben und im 38 °C warmen Badewasser lösen.

Dieses Bad streichelt Ihre Seele und Ihre Haut bei Nervosität und Reizungen. Ruhe und Entspannung bei einem abendlichen Honigbad versprechen auch folgende ätherischen Öle: Geranie, Honigöl, Kamille (römische), Lavendel, Majoran, Melisse, Mimose, Orangenblüte, Orangenschale, Rose, Rosenholz, Sandelholz, Tonka, Zedernholz.

Nieren und Blase

Honig wirkt harntreibend, unterstützt Nieren und Blase und vollendet so die blutreinigende Wirkung. Während die Leber (siehe Seite 61) die Giftstoffe herausfiltert, sind Nieren und Blase für die Ausscheidung zuständig. Besonders gut soll Heidehonig helfen.

Gegen Nierenleiden empfiehlt die Ayurveda-Medizin Honigwasser (Rezept Seite 64), schluckweise getrunken.

Die Naturmedizin schätzt Meerrettich als Mittel gegen Nieren- und Blasenleiden. Nehmen Sie vom Meerrettichsirup (Rezept Seite 58) dreimal täglich einen Teelöffel.

Pollen stärkt die Blasenmuskulatur und wirkt lindernd auf eine gereizte Blase, der Harndrang lässt nach. Empfohlen wird eine acht- bis zwölfwöchige Pollenkur (siehe Seite 34).

Nach Pfarrer Kneipp wirkt Met (Rezepte ab Seite 28) blutreinigend und stärkt die Nierenfunktion: Trinken Sie zu oder nach den Mahlzeiten drei- bis viermal täglich ein Likörgläschen Met – ausgenommen Alkoholkranke und Kinder.

Blasenentzündung
Dreimal täglich eine Propoliskapsel einnehmen. Achten Sie außerdem darauf, dass Sie genug trinken, damit die Erreger laufend ausgeschwemmt werden: Der Mensch braucht zwei bis drei Liter Flüssigkeit am Tag. Gehen Sie oft auf die Toilette, selbst wenn es wehtut und brennt. Behandeln Sie etwa vier Wochen lang, auch wenn die Beschwerden längst abgeklungen sind, da Blasen- und Niereninfektionen oft wiederkehren und dann die Gefahr einer chronischen Erkrankung droht.

Ohren

Bei Entzündungen und Eiter im äußeren Gehörgang und an der Ohrmuschel hilft Propolissalbe (Rezepte Seite 54).

Propolislösung (Rezepte Seite 36) soll das Hörvermögen stärken und Tinnitus (Ohrensausen, Ohrenklingeln) lindern. Dafür Gaze mit einer 15-prozentigen Propolislösung tränken, den Gehörgang damit verpfropfen und ein bis zwei Tage so einwirken lassen.

Auch bei Entzündungen des Mittel- und Innenohrs kann die Einnahme von Propolis helfen.

Ohrkerzen (siehe Seite 41) lindern akutes oder chronisches Ohrensausen, -rauschen und -klingeln; allerdings sollten Sie bei diesen meist chronischen und immer wiederkehrenden Leiden keine sofortige Heilung erwarten. Tiefere Ursachen sind oft Stress, Überforderung und Lärm.

Pollenallergie

Die Pollenallergie gehört zu den verbreitetsten Allergien und äußert sich meist in Heuschnupfen, in selteneren Fällen auch in Atembeschwerden und Asthma. Jahrelang, manchmal ihr ganzes Leben lang, quälen sich viele Allergiker, obwohl es mittlerweile eine wirksame Therapie gibt, die Desensibilisierung. Das Prinzip ist einfach: Man spritzt dem Patienten den Stoff, gegen den er allergisch ist, in einer Minidosis. Das Immunsystem gewöhnt sich daran und verzichtet nach der Desensibilisierung auf eine allergische Reaktion.

Therapieerfolge stellen sich auch ein, wenn man Pollen einnimmt. Als pauschale Dosis wird ein Teelöffel pro Tag empfohlen.

Auch das regelmäßige Kauen von Wabenhonig kann zu einer Desensibilisierung gegen Pollen führen. Beginnen Sie mit täglich einem Teelöffel Wabenhonig, den Sie zehn bis 20 Minuten auskauen. Steigern Sie die Dosis wöchentlich um einen Teelöffel, bis Sie über den Tag verteilt viermal einen Teelöffel voll auskauen, und behalten Sie dies einen Monat bei. Beginnen Sie im Spätherbst, damit Sie im zeitigen Frühjahr zur ersten Blüte gewappnet sind gegen die Allergieauslöser.

Sinnvoll ist dies nur, wenn Sie Wabenhonig oder Pollen aus Ihrer Region einnehmen. Gehen Sie zum Imker und fragen Sie nach der Herkunft. Imker-Adressen können Sie über den Deutschen Imkerbund erfragen oder im Internet heraussuchen (siehe Anhang).

Bienengift aktiviert die körpereigenen Abwehr- und Selbstheilungskräfte. Aus diesem Grund wird das Mittel gegen Bronchialasthma, Heuschnupfen und Allergien allgemein empfohlen.

Prostatabeschwerden

Rund die Hälfte der Männer ab 50 leiden irgendwann an Prostatabeschwerden. Die Vorsteherdrüse vergrößert sich, drückt auf den Blasenkanal, entzündet sich oder wächst im schlimmsten Fall als Krebsgeschwür. Die Einnahme von Pollen sollte für jeden Mann ab 50 zur Pflicht werden. Damit beugt er der Vergrößerung der Drüse vor.

Im frühen Stadium kann eine dreimonatige Kur mit Pollenkapseln helfen, die auch Kürbiskerne enthalten. Die Pollengabe muss sehr hoch dosiert werden. Außerdem soll speziell Heidehonig Prostatabeschwerden lindern. Bei Beschwerden an der Prostata sollten Sie auf jeden Fall einen Arzt aufsuchen.

Psychische Störungen

Pollen wird immer häufiger in der Psychotherapie eingesetzt. Viele Patienten leiden an Schwäche und Antriebslosigkeit, körperliche Symptome wie schlechte Blutwerte und Abmagerung verstärken die seelischen Leiden. Pollen als Energie- und Aufbaumittel ist ein effektiver Therapiebegleiter. In Testreihen war man schon mit täglichen Gaben von nur 2,5 Gramm erfolgreich.

Auch Gelée Royale hebt die Stimmung bei Niedergeschlagenheit und beruhigt gleichzeitig bei Angst, weil es die Sauerstoffaufnahme im Gehirn verbessert. Machen Sie eine Gelée-Royale-Kur (siehe Seite 38) im Januar und Februar, wenn die Tage grau und kurz sind und die fehlende Sonne auf die Psyche drückt. Zur Verstärkung empfiehlt es sich, gleichzeitig einen Löffel Honig zu genießen.

Rheuma

Die bekanntesten Anwendungsgebiete von Bienengift dürften Rheuma und Gelenkerkrankungen (Arthrosen, Arthritis) sein. Das Gift regt die körpereigene Kortisonbildung in der Nebennierenrinde an. Dieses Hormon hilft bei rheumatischen Beschwerden und Krankheiten. Körpereigenes Kortison hat im Unterschied zu von außen verabreichtem keine schädlichen Nebenwirkungen.

Reiben Sie schmerzende Regionen mit Bienengiftsalbe ein. Eine Injektion des Gifts bleibt dem Arzt vorbehalten.

Auch Gelée Royale wird eine besondere Wirkung auf die Nebennieren zugeschrieben. Eine Gelée-Royale-Kur (siehe Seite 38) wirkt vor allem bei Arthrose und Rheuma schmerzlindernd.

Scheiden-, Eileiter- und Eierstockentzündungen

Viele Frauen kennen das Problem: Eine wie auch immer geartete Entzündung wird mit Antibiotika behandelt. Diese töten nicht nur die unerwünschten Bakterien ab, sondern zerstören gleich die ganze Scheidenflora mit. Die Scheide ist schutzlos neuen Erregern ausgeliefert und die nächste Infektion ist vorprogrammiert, ein Teufelskreis mit immer stärkeren Medikamenten entsteht.

Die Propolis kann gegen Bakterien und Pilze gleichermaßen helfen und zerstört die Scheidenflora nicht. Besonders erfolgreich sind Therapien mit gleichzeitiger innerlicher und äußerlicher Anwendung: Einnahme von Propoliskapseln oder -tabletten, Tampons mit Propolislösung (Rezepte Seite 36) getränkt oder mit Propolissalbe (Rezepte Seite 54) bestrichen. Grundsätzlich sollten diese Therapien nur in Absprache mit dem Arzt oder Heilpraktiker durchgeführt werden.

Schlafstörungen

Honig beruhigt und bringt den Schlaf. Der Klassiker ist die Honigmilch (Rezept Seite 26), zubereitet mit 150 ml Milch und einem Esslöffel Honig. Bei Schlafstörungen tut auch der Milch-Fenchel-Honig (Rezept Seite 57) gut: Warm vor dem Schlafengehen trinken.

Melissentee

Schon Kneipp wies auf die schlaffördernde Wirkung des Melissentees hin.

1 Teelöffel Melissenblätter · 200 ml Wasser · 1 Teelöffel Honig

Melissenblätter mit kochendem Wasser überbrühen, zehn Minuten ziehen lassen, abseihen. Auf unter 43 °C abkühlen lassen, mit einem Teelöffel Honig süßen und vor dem Schlafengehen langsam trinken.

Erschöpft und gleichzeitig nervös ist ein typisches Stresssymptom, „aufgedreht" sagt man bei kleinen Kindern abends, wenn sie den rechten Zeitpunkt zum Ins-Bett-Gehen überschritten haben. Da kann Apfelessig-Honig-Mischung (Rezept Seite 64) beruhigen, eventuell mit etwas weniger Essig zubereitet oder alternativ mit dem Saft einer halben Zitrone.

Nach Pfarrer Kneipp hilft auch Met (Rezepte ab Seite 28) gegen Schlafstörungen: Trinken Sie ein kleines Weinglas am Abend, aber nicht, wenn sie alkoholkrank sind.

Schmerzen

Das Schmerzempfinden von Menschen ist verschieden. Dies hängt vermutlich mit der allgemeinen psychischen Situation und mit dem vegetativen Nervensystem zusammen. „Vegetativ" sind alle Vorgänge in unserem Körper, die wir nicht bewusst steuern können, zum Beispiel die Arbeit der inneren Organe. Die Propolis wirkt ausgleichend auf das vegetative Nervensystem und lindert so Schmerzen. Propolis kann deshalb unter anderem bei diffusen Schmerzen, deren Ursache nicht feststellbar ist, helfen.

Hier ist auch Gelée Royale einsetzbar: Ihm wird eine besondere Wirkung auf die Nebennieren zugeschrieben.

Die Rinde dieses Organs produziert Kortison, welches vor allem bei Arthrose und Rheuma Schmerz lindert. Eine Gelée-Royale-Kur (siehe Seite 38) wirkt aber auch bei Schmerzen unbekannter Herkunft, die eventuell mit Nervenleiden verbunden sind.

Ebenso auf die Nebennieren wirkt Bienengift und lindert auch die für die Betroffenen oft besonders schlimmen Nervenschmerzen (Neuralgien). Entzündungen des Ischiasnervs sprechen gut auf eine Bienengiftbehandlung an. Sie können sich bei leichten Beschwerden mit Bienengiftsalbe einreiben, Injektionen gibt nur der Arzt.

Die schmerzlindernde und betäubende Wirkung von Propolis wird von Ärzten in Osteuropa teilweise bei Nasen- und Zahnoperationen genutzt, vor allem dann, wenn der Patient andere Betäubungsmittel nicht verträgt. In Russland sind entsprechende Forschungen weiter gediehen als bei uns: Seit fünfzig Jahren arbeiten Zahnärzte dort mit Propolislösungen zur Betäubung. Nach der Behandlung lindert Propolis den Nachschmerz und fördert die Heilung.

Ischias

Wer chronisch unter Ischias leidet und immer wieder Anfälle bekommt, wem die Spritze des Arztes nur Linderung auf Zeit verschafft, der sollte eine Behandlung mit Propolis versuchen. Berichtet wird der Fall eines Schweden, der mit 46 Jahren wegen Ischias bettlägerig war. Salbenverbände mit Propolissalbe (Rezepte Seite 54) halfen ihm wieder auf die Beine.

Für einen Salbenverband bestreichen Sie die schmerzende Region mit einer dünnen Schicht Salbe (nicht einmassieren), legen ein Mullstück darüber und verbinden. So nimmt die Haut über längere Zeit den Wirkstoff auf.

Wirbelsäulenleiden

Propolis wurde in klinischen Tests erfolgreich gegen Halswirbelsäulen- und Brustwirbelsäulensyndrome eingesetzt. Dabei reichten die Beschwerden von Verspannungen bis zu starkem Kopfweh. Die beste Wirkung zeigt die Propolissalbe (Rezepte Seite 54), wenn sie einmassiert wird. Das überlassen Sie am besten einem Masseur, denn mit einer falschen Massage kann man mehr verschlechtern als verbessern.

Sehnenscheidenentzündung

Sportler kennen sie als Tennisarm, Sekretärinnen bekommen sie vom vielen Tippen: die Sehnenscheidenentzündung. Diese ausgesprochen schmerzhafte Entzündung befällt den Unterarm, und zwar Muskeln, Sehnen und Sehnenscheide zusammen. Überanstrengung löst die Krankheit aus, wer sie einmal hat, bekommt sie meist immer wieder. Hier hilft Propolissalbe (Rezepte Seite 54), bei schweren Fällen als Salbenverband. Sie müssen Ihren Arm aber unbedingt ruhig stellen, und zwar möglichst beide Arme, da der kranke Arm unbewusst mitarbeitet, wenn der gesunde etwas tut.

Insektenstich

Ein Tropfen Propolislösung (Rezepte Seite 36) auf die Einstichstelle lindert die Schmerzen des Insektenstichs. Propolis verhindert außerdem, dass sich der Stich entzündet.

Schnupfen, Neben- und Stirnhöhlen

Bei einem einfachen Schnupfen helfen Bewegung und frische Luft. Chinesische Ärzte geben Honig gegen Schnupfen. Außerdem hilft Spitzwegerichsaft (Rezept Seite 58).

„Du kaust Bienenwachs und die Nebenhöhlen beginnen zu fließen." Diesem Imkerausspruch ist nichts mehr hinzuzufügen außer: Nehmen Sie am besten Deckelwachs, das Sie vorher durch Waldhonig ziehen, oder mit Waldhonig gefüllte Waben.

Zitronensaft mit Honig
200 ml Wasser · Saft einer Zitrone · 1 Esslöffel Honig

Wasser kochen, auf unter 43 °C abkühlen lassen. Zitronensaft mit Honig mischen, mit dem warmen Wasser aufgießen. Dreimal täglich schluckweise trinken. Er hilft ausgezeichnet bei Schnupfen und Stirnhöhlenentzündungen.

Schnupfen und Erkrankungen der Stirn- und Nebenhöhlen sprechen auch auf Ohrkerzen (siehe Seite 41) an, weil die Höhlen alle miteinander und mit den Ohren verbunden sind. Der beim Abbrennen entstehende Unterdruck kann Verspannungen und Verstopfungen lösen. Das Wohlbefinden verbessert sich spontan.

Lymphstauungen im Hals- und Nackenbereich verursachen verschiedene Beschwerden; unter anderem können die Schleimhäute austrocknen, was zu gereizten Augen und trockener Nase führt und diese anfällig für Infektionen macht. Die Ohrkerze bringt die Lymphflüssigkeit wieder in Fluss. Oft kommt es schon während der Behandlung zu spontanen Reaktionen: Die Nase läuft, die Augen tränen.

Schwäche und Energiemangel

Das Honigprodukt erster Wahl bei Schwächephasen ist der Pollen, er ist eine richtige Powernahrung. Eiweißpräparate waren eine Zeit lang sehr in Mode, Pollen tut's genauso, nein: besser, weil er ein nahezu ideal zusammengesetztes Lebensmittel ist und damit jedem extrahierten, konzentrierten und gepanschten Chemieprodukt weit überlegen. Pollen fördert alle chemischen, physischen und psychischen Abläufe im Körper und stärkt das Immunsystem.

Auch Gelée Royale hilft schwachen Menschen wieder auf die Beine: Eine Gelée-Royale-Kur (siehe Seite 38) fördert die Genesung nach Krankheiten und Operationen. Erklärt wird diese Steigerung der Vitalität durch die vermehrte Bildung von roten Blutkörperchen und die damit verbundene bessere Aufnahme des Sauerstoffs im Gewebe. Besonders gut wirkt Gelée Royale bei Kindern und alten Menschen.

Honig ist Kraftnahrung, das wussten und wissen die Heilkundigen aller Länder und Zeiten. Klaudios Galenos (131–200 n. Chr., Pergamon) empfahl ihn als Kräftigungsmittel, Geriatrikum und Potenzmittel. In Griechenland war Honigwasser ein beliebtes Erfrischungsgetränk. In Indien wird es bei allgemeiner Schwäche gereicht. In Tibet gilt Honig als Kraftspender, und im Islam ist er überhaupt *das* Arzneimittel. Die Ayurveda-Lehre empfiehlt, eine Prise Kalmuswurzelpulver mit einem Teelöffel Honig zu mischen und morgens und abends einzunehmen.

Heute kann man erklären, wieso Honig stärkt: Er besteht hauptsächlich aus Einfachzucker (Monosacchariden). Diese Kohlenhydrate nimmt der Körper schnell auf. Das kann für Sportler im oder nach dem Wettkampf ebenso wichtig sein wie für altersschwache Menschen oder nach Krankheiten. Schwangere sollten sich und dem Ungeborenen Honig gönnen.

Nach Pfarrer Kneipp hilft auch Met (Rezepte ab Seite 28) gegen Appetitlosigkeit und Schwäche: Trinken Sie

Schwäche und Energiemangel

zu oder nach den Mahlzeiten drei- bis viermal täglich ein Likörgläschen Met, es sei denn, sie sind alkoholkrank.

Abmagerung

Honig ist ein bewährtes Heilmittel bei der Bekämpfung von Abmagerungen und Magerzuständen von Säuglingen und Kleinkindern, Kranken und alten Menschen. Besonders bewährt hat sich die Kombination Apfel und Honig.

Apfel-Honig-Saft

2 Äpfel · 2 Orangen · 2 Esslöffel Honig

Äpfel entkernen und fein reiben. Orangen auspressen. Apfelmus und Orangensaft sollen etwa gleich viel sein. Vermischen, mit Honig süßen, kalt stellen. Nehmen Sie davon mehrmals täglich einen Esslöffel.

Apfel-Zitrus-Mus

4 Äpfel · 1 Orange · 1 Zitrone · 4 Esslöffel Honig
½ Banane · nach Belieben: Sahne

Äpfel entkernen und reiben, Orange und Zitrone auspressen und Saft dazugeben, mit Honig süßen, Banane in Scheiben schneiden und unterrühren. Eventuell mit einem Tupfer Sahne verzieren.

Blutarmut

Blutarmut ist der umgangssprachliche Ausdruck für Eisenmangel oder ein allgemein schlechtes Blutbild, was sich meist in einer unerklärlichen Mattigkeit ausdrückt. Dann ist auf jeden Fall eine differenzierte Blutanalyse angesagt. Wenn das Blutbild nicht so schlecht ist, dass gezielt Medikamente genommen werden müssen, hilft eine Pollenkur (siehe Seite 34). Wenn Sie Pollen begleitend zu einer Behandlung mit Medikamenten einnehmen wollen, sollten Sie Ihren Arzt darüber informieren, damit er Kontrollmessungen richtig bewerten kann.

Gehirn

Vergesslichkeit und Konzentrationsschwäche plagen alte Menschen, aber immer häufiger auch Kinder. An der Intelligenz liegt es oft nicht, dass Kinder in der Schule mehr leiden als leisten. Oft fehlt ihnen einfach die Energie. Machen Sie sich und Ihren Kindern das Vollkornbrot mit Honig zur täglichen Frühstückspflicht. Wenn Sie Müsli mögen, süßen Sie es kräftig mit Honig und geben Sie viele Nüsse dazu: Sie gelten als Hirnnahrung. Weitere Frühstücksanregungen finden Sie bei den Rezepten ab Seite 94.

Müdigkeit

Folgendes Muntermacher-Rezept gebe ich ausdrücklich mit Vorbehalt weiter, denn Alkohol sollte wirklich nur in Ausnahmefällen als Helfer eingesetzt werden. Zu groß ist die Gefahr, dass man sich unter Stress und Belastung daran gewöhnt.

Muntermacher-Drink

150 ml süßer Wein · 1 Esslöffel Honig
1 Esslöffel Wermut

Wein leicht erwärmen, Honig darin lösen, Wermut zugeben.

Frühjahrsmüdigkeit

Kämpfen Sie auch alle Jahre wieder gegen Frühjahrsmüdigkeit? Ich empfehle Ihnen eine Pollenkur (siehe Seite 34), vier bis acht Wochen lang.

Sexualität und Erotik

Sexuelle Probleme haben viele Ursachen, zum Beispiel Stress, Schwäche und Nervosität. Gerhard Leibold berichtet in seinem Buch „Heilwerte aus dem Bienenvolk", dass vor allem Männer auf eine Behandlung mit Pollen gut ansprechen. Eine zwei- bis dreimonatige Pollenkur (siehe Seite 34) gleicht Nahrungsdefizite aus und erhöht die psychische und körperliche Leistungsfähigkeit.

Gelée Royale wirkt beim Mann gegen Impotenz und sexuelle Schwäche, vor allem wenn Alter oder Stress die Lust und Leistungsfähigkeit drücken. Bei Frauen soll Gelée Royale gegen Frigidität helfen, besonders wenn eine unausgeglichene Psyche oder gar Depressionen den Spaß nicht nur am Sex, sondern überhaupt am Leben nehmen. Empfohlen wird eine Gelée-Royale-Kur (siehe Seite 38).

An dieser Stelle sei betont: Wer unter einem erfüllten Liebesleben allein die körperliche Sexualität und den Koitus versteht, dem können auch die Bienen nicht helfen. Mehr partnerschaftliche Zuwendung, aufeinander eingehen, sich Zeit füreinander nehmen und vor allem offen miteinander über Probleme in der Sexualität reden – das hilft der Erotik (wieder) auf die Sprünge.

Stimmung für Zärtlichkeit und Erotik können Sie sehr gut mit Honig-Duft-Bädern anregen. Wählen Sie als Basis ein hautschmeichelndes Honigbad (Rezepte ab Seite 89) und geben Sie nach Lust und Nase eines oder mehrere der folgenden ätherischen Öle bei: Jasmin, Koriander, Mimose, Moschus (gibt es nur noch synthetisch), Muskatellersalbei, Orangenblüte (= Neroli), Patschuli, Rose, Sandelholz, Tagetes, Tonka, Tuberose, Vetiver, Ylang-Ylang, Zimtblätteröl (nie Zimtrinde für Bäder verwenden, es reizt die Haut), Zistrose. Ein konkretes Beispiel:

Orientalisch-verführerisches Bad
10 Tropfen Sandelholz · 5 Tropfen Ylang-Ylang
5 Tropfen Orangenblüten (Neroli, süß)
oder etwas frische Orangenschale · 150 g Honig

Dieses Honig-Duft-Bad stärkt, erotisiert und betört. Lassen Sie sich verführen, oder verführen Sie Ihren Partner gleich mit. Das Bad harmonisiert und lässt einen zu sich selbst finden. Sandelholz und Orangen „wärmen" – seelisch und körperlich.

Stress

Heutzutage scheint es chic zu sein, Stress zu haben – doch viele Menschen reden ihren Stress nur herbei. Andererseits gibt es Frauen, die Haushalt, Kinder und Job unter einen Hut bringen, und Berufstätige, die 60 und mehr Stunden in der Woche arbeiten. Gegen Dauerstress hilft nur ein bewusster Abbau der Stressfaktoren.

In jedem Leben gibt es jedoch unvermeidliche Leistungsspitzen. In diesen Zeiten sollte man besonders auf sich und seinen Körper achten. Ich nehme dann zum Beispiel gerne mal ein Honig-Heilbad mit ätherischen Ölen. Hier meine persönliche Lieblingsmischung:

je 3 Esslöffel Sahne und Honig
je 10 Tropfen ätherisches Öl Bergamotte und Orangenschale
5 Tropfen ätherisches Öl Zeder

Dabei mischen sich schmeichelnde Sahne und sanfter Honig mit der frischen Süße der Zitrusfrüchte und der heiligen Kraft der Zeder. Ein Bad, das Stress, Hektik und graue Wolken vergessen lässt.

Entspannend und beruhigend wirken Ohrkerzen (siehe Seite 41). Der Druckausgleich im Kopf, die Düfte, die Zeit, die man sich zusammen mit einer vertrauten Person für die Behandlung nimmt – das alles lindert Stressfolgen. Ohrkerzen beruhigen hyperaktive Kinder und fördern deren Konzentration.

Entspannende Stimmung und sanfte Düfte verströmt ferner eine Bienenwachskerze.

Besondere Belastungen gibt es nicht nur im Beruf: Schwangerschaft und Stillzeit, Prüfungen und Wettkämpfe – besondere Lebensumstände verlangen auch gesunden Menschen allerhand ab. Helfen Sie Ihrem Körper in solchen Zeiten mit Pollen, zum Beispiel mit einem täglichen Powerfrühstück.

Powerfrühstück

1 Esslöffel Pollen · Nach Belieben: Honig
200 g Joghurt oder mit Milch angerührter Quark
1 Orange (im Winter) oder 1 Pfirsich (im Sommer)
1 Apfel · 1 Banane
2 Esslöffel Mandeln oder Haselnüsse

Pollen (und Honig) in den Joghurt einrühren, damit er sich auflöst. Das Obst säubern und klein schneiden, mit Joghurt vermengen, Nüsse darüber streuen – fertig ist der Energiespender für einen neuen Tag. Dieses Frühstück ist leicht verdaulich und belastet den Magen nicht.

Eiweiße und Hormone im Pollen steigern die Belastbarkeit. Stress dagegen erhöht die Blutfettwerte und begünstigt damit Ablagerungen in den Gefäßen. Die ungesättigten Fettsäuren im Pollen senken die Blutfettwerte. In Stresszeiten ist deshalb auch eine Pollenkur (siehe Seite 34) angebracht.

Gelée Royale ist ebenfalls ein guter Fitmacher in Spitzenzeiten. Der Erfolg einer Gelée-Royale-Kur (siehe Seite 38) liegt in ihrer doppelten Wirkung: Der Körper wird mit lebenswichtigen Stoffen versorgt und damit leistungsfähiger, und gleichzeitig polstern Sie Ihre Psyche und wappnen sich gegen Stress.

Verdauung

Von einer guten Ernährung und einer funktionierenden Verdauung hängt das gesamte Wohlbefinden ab. Hier helfen Honig, Pollen, Propolis und Gelée Royale. Besonders gut wirkt die Verbindung von Honig mit Pollen.

Ärzte, die sich mit Honigtherapie beschäftigen, empfehlen Patienten mit Verdauungsproblemen, den Zucker in der Nahrung grundsätzlich durch Honig zu ersetzen. Anregungen und Informationen zum Kochen und Backen mit Honig finden Sie ab Seite 93. Für die folgenden Magenrezepte nehmen Sie möglichst Blütenhonig. Er enthält weniger unverdauliche Bestandteile und hat einen höheren Anteil an Pollen, der die Wirkung unterstützt.

Honig hilft der Verdauung und reguliert sie immer genau so, wie der Organismus es gerade braucht: Er lindert Geschwüre, bremst Durchfall und löst Verstopfung. Plinius der Ältere bezeichnete den Honig als „Himmelsmedizin für die Eingeweide".

Berichte über den erfolgreichen Einsatz von Honig werden gerne als „Volksmund" abgetan, denn angeblich zerstört die Magensäure alle wertvollen Bienenfermente. Ägyptische und russische Kliniken berichten aber von erfolgreichen Honigbehandlungen bei Magengeschwüren, ohne erklären zu können, wie der Honig wirkt. Mittlerweile wurde ein Bakterienstamm als Verursacher hartnäckiger Magengeschwüre herausgefunden. Honig, so wurde im Labor nachgewiesen, bekämpft diesen Erreger erfolgreich. Interessant dabei: Nicht der reine Honig wirkt, sondern eine fünfprozentige Lösung, das heißt: 50 g Honig auf einen Liter Wasser.

> Die chinesische Medizin empfiehlt bei verschiedenen Verdauungsbeschwerden Honigwasser (Rezept Seite 64). Bei gereiztem Magen und bei Durchfall: Honigwasser warm schluckweise trinken. Bei Verstopfung: Honigwasser abgekühlt trinken.

Pollen normalisiert die Darmtätigkeit und hilft dadurch sowohl bei Durchfall als auch bei Verstopfung, Völlegefühl und Blähungen. Verdauungsbeschwerden infolge von Alkoholismus, Medikamenten- und Drogeneinnahme kann Pollen lindern, weil er die geschädigte Darmflora wieder aufbaut. Er regt die Verdauung an, die Auswertung der Nahrung wird gefördert, und man fühlt sich wohl.

Honig-Pollen-Kur

Nehmen Sie vier Wochen lang vor jeder Mahlzeit (drei bis fünf Mal pro Tag) einen Teelöffel Pollen vermischt mit einem Teelöffel Honig ein. Lassen Sie die Mischung langsam im Mund zergehen.

Pollenhonig

Wenn Sie öfter Verdauungsbeschwerden haben, sollte mit Pollen angereicherter Honig täglich zu Ihrem Frühstück gehören. Am besten mischen Sie ihn selbst.

1 kg Blütenhonig · 100 g Pollen

Honig vorsichtig auf maximal 42 °C erwärmen, Pollen unterrühren, stehen lassen. Nach einer Stunde durchrühren, nach einem Tag noch einmal, dann müssten sich die Pollenkörner vollständig gelöst und gleichmäßig im Honig verteilt haben.

Schneller löst sich der Pollen, wenn Sie die Körner vorher einfrieren und dann fein mahlen (Kaffeemühle). Pollenhonig ist etwas fester, kristallisiert schneller und schmeckt etwas herber als normaler Honig. Es gibt auch Honige, die von Haus aus sehr viel Pollen enthalten, zum Beispiel Löwenzahnhonig. Fragen Sie Ihren Imker.

Magen- und Darmgeschwüre

Russische Ärzte empfehlen bei Magengeschwüren Honigwasser (Rezept Seite 64), allerdings mit Pollenhonig (siehe links) zubereitet. Kurmäßig sollte man es vier bis acht Wochen trinken; wenn die Beschwerden dann noch nicht abgeklungen sind, zwei Wochen pausieren und wieder eine Kur machen. Das Pollenhonigwasser vor jeder Mahlzeit langsam schluckweise trinken. Zu beachten ist der Säurezustand des Magens: Bei übersäuertem Magen trinken Sie das Pollenhonigwasser lauwarm eineinhalb bis zwei Stunden vor dem Essen, bei zu wenig Säure trinken Sie es kurz vor dem Essen kalt.

Propolislösung (Rezepte Seite 36) lindert bei Magen- und Darmgeschwüren die Schmerzen und fördert den Heilungsprozess. Auch bei chronischen Geschwüren verspricht die Propolis Linderung, selbst wenn viele andere Medikamente bereits erfolglos ausprobiert wurden. Empfohlen wird bei Magenentzündungen meist die Einnahme von Propoliskapseln: In den Gelatineförmchen befindet sich pulverisierte Propolis. Die Gelatine löst sich erst im Magen auf, und die Propolis kann dort ihre wohltuende Wirkung entfalten. Dosierung: Nehmen Sie eine Woche lang jeweils nach den Mahlzeiten eine 2-g-Kapsel.

Zur Unterstützung kauen Sie rohe Propolis oder, wenn sie Ihnen nicht schmeckt, weil sie recht bitter ist, lutschen Sie Propolisbonbons.

Auch Menschen mit empfindlichem oder nervösem Magen leistet die Propolis ausgezeichnete Dienste: Nehmen Sie vor jeder Mahlzeit einen kleinen Plastiklöffel halbvoll mit Propolislösung oder lösen Sie die Propolis in einem halben Glas Wasser auf.

Verdauungsstörungen und Koliken

Gelée Royale erleichtert die Verdauung, hilft bei Magen- und Darmkoliken und fördert den Stoffwechsel. In akuten Fällen sollten Sie unbedingt einen Arzt aufsuchen. Bei chronischen Beschwerden hilft eine mehrmalige Gelée-Royale-Kur (siehe Seite 38): sechs Wochen Kur (das Gelee zusammen mit einem Teelöffel Honig einnehmen), sechs Wochen pausieren, dann wieder kuren.

Bei Magenbeschwerden nehmen Sie vor jeder Mahlzeit einen Teelöffel Honig zu sich. Lassen Sie ihn möglichst langsam (!) im Mund zergehen. Dr. Jojris empfiehlt bei Magensäureüberschuss die Einnahme des Honigs eineinhalb bis zwei Stunden vor den Mahlzeiten. Magengeschwür-Patienten mit zu wenig Magensäure empfiehlt er den Honig unmittelbar vor dem Essen.

Gegen Magenreizungen hilft auch Apfelessig-Honig-Mischung (Rezept Seite 64). Auf nüchternen Magen dreimal täglich ein Glas trinken.

Magenbitter

1 Likörgläschen reifer Bärenfang
15 Tropfen Propolislösung

Die Propolislösung (Rezepte Seite 36) in den Bärenfang (Rezepte ab Seite 30) tropfen. Das ergibt einen bittersüßen Magenschnaps von hervorragender Bekömmlichkeit. Ein Gläschen davon befreit Sie von Magendrücken, Völlegefühl und dem undefinierbaren flauen Gefühl im Magen. Das sollte Sie aber nicht von der Verantwortung befreien, Ihrem Magen beim nächsten Mal weniger zuzumuten.

Verstopfung

Honig regt die Verdauung an. Wenn Sie viel sitzen oder unter Darmträgheit leiden, sollte Vollkornbrot mit Honig zu Ihrem täglichen Frühstück gehören. Essen Sie viel Obst; wenn es Ihnen nicht süß genug ist: Geben Sie Honig dazu. Quark und Joghurt mit Honig helfen dem trägen Darm ebenfalls auf die Sprünge. Diese Empfehlungen gelten auch ganz besonders für ältere Menschen, die sich nicht mehr so bewegen können, wie sie wollen, und deshalb an Darmträgheit leiden. Trinken Sie ausreichend! Gut sind leichte Kräutertees, natürlich mit Honig gesüßt.

Durchfall

Durchfall wird oft durch Bakterien ausgelöst, zum Beispiel Salmonellen oder Kolibakterien. Die Einnahme von Honig verkürzt die Behandlungsdauer deutlich. Bei starkem Durchfall immer den Arzt aufsuchen, schon der Verdacht auf Salmonellen ist meldepflichtig.

Die Propolis bekämpft mit ihrer antibiotischen Wirkung auch Salmonellen. Bei leichten Infektionen sollten Sie drei Tage fasten, magenschonende Tees trinken und dreimal täglich eine Propoliskapsel schlucken oder Propolisstückchen zerkauen. Vorteil der Propolis: Sie bekämpft die Erreger, ohne die Magen- und Darmflora weiter anzugreifen.

Ingwer-Fenchel-Paste

3 Teelöffel Ingwerpulver · 5 Teelöffel gemahlener Fenchelsamen
2–3 Esslöffel Honig

Ingwer, Fenchel und Honig zu einer Paste mischen. Dreimal täglich einen Teelöffel davon einnehmen. Islamische Sufiheiler empfehlen diese Paste gegen Durchfall.

Eine andere Quelle gibt noch drei Teelöffel gemahlene Gewürznelken zu der Paste und empfiehlt: Eine Viertelstunde nach jeder Mahlzeit und vor dem Schlafengehen einen Teelöffel davon einnehmen.

Hämorrhoiden

Keiner redet gerne davon, aber sie sind ein Volksleiden: Hämorrhoiden, Verdickungen der Adern am After, die sich zu kleinen blutgefüllten Säckchen entwickeln können. Harter Stuhlgang fördert ihre Bildung. Propolis, innerlich eingenommen, reguliert die Darmtätigkeit. Außerdem hilft das Einreiben des Afters mit Propolissalbe (Rezepte Seite 54). Nach jedem Stuhlgang sollte man einen mit Propolissalbe bestrichenen Analdehner verwenden. Das kegelförmige Teil bekommt man in der Apotheke. Seine Anwendung empfinden zwar viele Menschen als unangenehm, aber es wirkt meist verblüffend schnell, da es die Hämorrhoiden zurückschiebt und die Salbe in den Darm bringt. Bei Hämorrhoiden sollten Sie Koffein meiden.

Verspannungen

Wenn Sie wieder einmal stundenlang vor dem Computer saßen und die ganze Rückenmuskulatur verkrampft und gleichzeitig der Körper abgeschlafft ist, dann mischen Sie ein Honigbad (Rezepte ab Seite 89) mit je acht Tropfen ätherischem Birken- und Wiesenkönigin-Öl.

Durchblutungsfördernd und kreislaufanregend in Honig-Heilbädern wirken folgende ätherische Öle: Birke, Engelwurz (= Angelika), Kampfer, Limette, Rosmarin, Wacholder, Wiesenkönigin, Zitrone.

Auch Bienengift verbessert die Durchblutung, indem es die Gefäße erweitert. Nach dem Einreiben mit einer Bienengiftsalbe spüren Sie das als Wärme oder auch Hitze, die eingeriebene Stelle kann sich röten. Die bessere Durchblutung löst Verkrampfungen und hilft Abbauprodukte zu entfernen. Blutergüsse bauen sich schneller ab und Muskelkater verschwindet schneller.

Durchblutungsfördernd wirkt außerdem Propolissalbe (Rezepte Seite 54).

Wachstum

Pollen enthält wachstumsfördernde Stoffe und verbessert die Auswertung der Nahrung. Besonders Kinder sprechen auf eine Pollenkur (siehe Seite 34) gut an, hier müssen Sie natürlich niedriger dosieren als bei Erwachsenen. Je nach Alter genügen ein bis drei Teelöffel täglich, über vier bis acht Wochen eingenommen.

Wechseljahre

Die Hormonumstellung, aber auch diffuse Ängste vor den Wechseljahren und dem Älterwerden können eine ganze Reihe von Beschwerden verursachen: plötzliches Hitzegefühl, Schweißausbrüche, Schwindel, Herz- und Verdauungsbeschwerden, Schlafstörungen, psychische Labilität bis hin zu Depressionen. Hier kann eine zweimonatige Gelée-Royale-Kur (siehe Seite 38) mit täglich 200 bis 400 Milligramm Gelée Royale helfen.

Tests mit einem kombinierten Gelée-Royale-Pollen-Präparat waren sehr erfolgreich, einige Frauen meldeten sogar schon nach wenigen Tagen eine spürbare Besserung.

Mittlerweile weiß man übrigens, dass auch Männer in die Wechseljahre kommen: Ignorieren verschärft das Problem nur – der Griff zu Gelée Royale ist sinnvoller.

Wunden, Blasen, Geschwüre, Verbrennungen

Propolis ist *das* Wundheilmittel: Wie und wo auch immer sich Ihre Haut verletzt hat, greifen Sie zur Propolis! Sie lindert Schmerzen, beugt Infektionen vor, säubert die Wunde, fördert den Heilungsprozess und verhindert darüber hinaus hässliche Narben.

Auch Honig wird seit Jahrtausenden zur Wundheilung eingesetzt. Hippokrates empfahl ihn bei allen Verletzungen, Geschwüren und eiternden Wunden. Für Dioskorides war er das Mittel der Wahl gegen Hundebisse. Honig war Bestandteil vieler Zug- und Heilsalben in Athen, Korinth und Sparta.

Eine klinische Studie bewies 1919 das jahrtausendealte Wissen: Honig als Infektionshemmer schafft bei großen Wunden innerhalb von drei bis sechs Tagen eine bakteriologisch völlig keimfreie Wunde. Damals führte man die antibakterielle Wirkung vor allem auf Wasserstoffperoxid zurück. Mittlerweile weiß man, dass Honig auch andere antibakterielle Substanzen enthält. Besonders Tannenhonig ist aufgrund seiner Inhaltsstoffe für die Wundbehandlung zu empfehlen.

Honig erleichtert zudem die praktische Behandlung infizierter Wunden: Das Verbandmaterial klebt nicht fest, die Wunde bleibt feucht, ohne das Gewebe aufzuweichen.

Von alters her verwendet man Bienenwachs als Wundpflaster und gegen Hautkrankheiten. Alte Quellen empfehlen Jungfernwachs zu Verbands- und Heilzwecken, zum Beispiel bei offenen Beinen.

Bienengift wird nachgesagt, dass es bei schwer heilenden Wunden ebenso hilft wie bei langwierigen Hautentzündungen.

Schürfwunden, Quetschungen, Schnitte, Hautrisse

Legen Sie bei kleineren Wunden und Quetschungen wenn möglich keinen Verband an, sondern tragen Sie Honig auf und lassen ihn an der Luft trocknen, damit sich ein Schutzfilm bilden kann. Der Honigfilm fördert die Durchblutung und damit das schnelle Abheilen der Wunde.

Bei kleinen Wunden genügt auch ein Tropfen Propolislösung (Rezepte Seite 36) direkt auf die offene Stelle oder Sie zerkauen ein rohes Propolisstückchen und geben den Speichel auf die Verletzung. Das stillt die Blutung, verhindert Entzündungen und fördert den Heilungsprozess.

Breitwegerich und Kohl

Breitwegerichblätter quetschen und vorsichtig auf die Wunde legen, das lehrte man uns als Kindern auf dem Land. Neuere Untersuchungen bestätigen dies. Kombinieren Sie Honig und Breitwegerich: Quetschen Sie einige Blätter, streichen Sie Honig auf die Unterseite und legen Sie die Blätter als Umschlag auf die Wunde.

Ebenso wirken Kohlblätter: Mit dem Nudelholz quetschen, bis der Saft austritt, und auf die mit Honig bestrichene Wunde legen.

Auch Meerrettichsirup (Rezept Seite 58) wirkt desinfizierend.

Fremdkörper

Stachel und Dornen, Rost und Erde können in einer unscheinbaren Verletzung einen Eiterherd verursachen. Viele Ärzte früherer Jahrtausende, zum Beispiel der Grieche Dioskorides und der Perser Avicenna, hoben die „herausziehende" Wirkung der Propolis hervor. Behandeln Sie mit propolisgetränkter Gaze, bei kleinen Stellen genügt auch ein getränktes Pflaster. So machen Sie Fremdkörper unschädlich. Dornen, Steine oder ähnlich große Stücke sollten Sie natürlich vorher entfernen.

Große Wunden

Propolis wurde von Ärzten und Heilkundigen von alters her auch bei großen Wunden und Verletzungen bis hin zu Amputationen eingesetzt. Weil ihnen andere Medikamente oft fehlten, verwendeten russische Ärzte die Propolis in den Weltkriegen – und stellten fest, dass das Bienenprodukt manchem herkömmlichen Wund- und Schmerzmittel überlegen war. Das Bienenkittharz „kittet" große Hautdefekte, weil es den Regenerationsprozess der Haut fördert. Die entzündungshemmende und kühlende Wirkung unterstützt den Heilungsprozess und verhindert Infektionen und Eiterherde in der offenen Wunde. Im Altertum kombinierten die Ärzte Propolis mit Honig zur Wundheilung. Mir ist ein Fall bekannt, dass eine wundgelegene Patientin mit Honig geheilt wurde, nachdem alle herkömmlichen Behandlungen erfolglos waren.

Propolis allein oder in Verbindung mit Honig hilft bei Verbrennungen, Eiterherden, Abszessen und Furunkeln. Gaze mit Propolislösung (Rezepte Seite 36) tränken und auf die betroffene Stelle auflegen. Den Rand der Wunde mit Propolissalbe (Rezepte Seite 54) behandeln.

Bei offenen Wunden helfen auch Spülungen: Fünf Tropfen Propolislösung in lauwarmen Kamillentee geben und damit die Wunde ausspülen.

Lebertran-Honig-Salbe

Mischen Sie Lebertran und Honig zu gleichen Teilen und tragen Sie das Gemisch auf die Wunde auf. Damit wurden sogar hartnäckig nicht heilende Wunden und eiternde Geschwüre erfolgreich behandelt. Bei wundgelaufenen Füßen hilft die Lebertran-Honig-Salbe fast über Nacht.

Möhrenbrei

Dieser süße Möhrenbrei hilft bei Geschwüren, offenen Beinen und Verbrennungen.

2 Möhren · 100 g Honig

Rohe Möhren ganz fein reiben, mit Honig vermischen, auf die Wunde streichen, mit Mullauflage fixieren, verbinden.

Malvenbad

Lindert Furunkel und Hautgeschwüre.

4 Esslöffel Malvenblüten · 1 Liter Wasser · 4 Esslöffel Honig

Malvenblüten mit kochendem Wasser aufgießen, dann 15 Minuten ziehen lassen, abseihen. Zusammen mit dem Honig ins Badewasser geben.

Nabel

Eine besondere „Wunde" ist der Nabel von Neugeborenen. Manche Völker pflegen ihn mit Propolissalbe (Rezepte Seite 54): Sie desinfiziert und fördert die Heilung. Erkundigen Sie sich danach bei Ihrer Hebamme oder Ihrem Kinderarzt.

Verbrennungen

Bei Verbrennungen hält Propolis die Wunde keimfrei, lindert den Schmerz und lässt die Verbrennung narbenfrei abheilen. Frische Wunden vorsichtig mit propolisgetränkter Gaze bedecken, trockene Wunden mit Propolissalbe (Rezepte Seite 54) pflegen. Oft hilft auch Möhrenbrei (Rezept Seite 78)

Johanniskrautöl

Das rubinrote Johanniskrautöl hilft bei Verbrennungen und Wunden, die bereits verschorft sind, aber nur langsam heilen. Rühren Sie einen Teelöffel Öl und einen Teelöffel Waldhonig zusammen und tragen Sie diese Mischung mehrmals täglich auf die verletzte Stelle auf. Das beugt auch hässlicher Narbenbildung vor.

Zähne und Zahnfleisch

Bei Zahnfleischentzündungen und Zahnfleischschwund (Parodontose) hilft Propolis. Wenn das Zahnfleisch dunkelrot statt rosa ist, leicht blutet, vor allem beim Zähneputzen, oder prall und gereizt ist, sodass jede Berührung wehtut, lindert Propolis: Ursache der Beschwerden sind fast immer Bakterien, die sich in den Zahnzwischenräumen oder im entzündeten Gewebe einnisten. Bei leichten Beschwerden und zur weiteren Vorbeugung hilft Propolis-Zahncreme oder -Zahnpulver. Nehmen Sie eine weiche Zahnbürste – eine harte reizt das entzündete Gewebe zusätzlich – und massieren Sie Ihr Zahnfleisch in kleinen kreisenden Bewegungen ausgiebig. Spülen und gurgeln Sie mit Propolis-Mundwasser: Sieben Tropfen Propolislösung auf eine Tasse lauwarmen Pfefferminztee.

In schwereren Fällen: Propolislösung (Rezepte Seite 36) auf die betroffenen Stellen auftragen und zur Unterstützung der Gewebeerneuerung eine Propoliskur (siehe Seite 36) machen. Speziell für die Anwendung bei Parodontose gibt es auch ein Propolisgel zum Einmassieren.

Wenn das Zahnfleisch nicht zu empfindlich ist, kauen Sie drei- bis viermal am Tag einen Teelöffel Deckelwachs mit wenig Honig. Die Meinungen gehen allerdings auseinander, ob Honig Karies fördert oder nicht.

Zahnschmerzen

Die Propolis hilft gegen akutes Zahnweh: Träufeln Sie Propolislösung (Rezepte Seite 36) auf einen Wattebausch und legen ihn auf die betroffene Stelle, oder massieren Sie die Lösung pur in der betroffenen Region ins Zahnfleisch ein. Propolis kauen kann helfen, wenn nicht das Kauen an sich schmerzt.

Bienen-Kosmetik selbst gemacht

Haben Sie schon einmal ein Honigbad genommen oder sich mit Bienenwachs-Creme gepflegt?

Honig fördert die Durchblutung, reinigt damit die Haut von Schlacken und wirkt gegen Entzündungen. Schon ein ägyptischer Papyrus beschreibt die hautpflegende Wirkung von Honig.

Pollen fördert die Erneuerung des Hautgewebes durch seinen hohen Vitamin-A-Gehalt. Mit einer Pollenkur (siehe Seite 34) gönnen Sie sich Kosmetik von innen. Pollen strafft die Haut und verhindert vorzeitiges Altern.

Dasselbe gilt für Gelée Royale. Müde Haut lässt uns alt aussehen. Entscheidend für eine frisch wirkende Haut ist ihre Erneuerungsfähigkeit, an der das Vitamin B5 (= Pantothensäure) einen großen Anteil hat. In keinem natürlichen Produkt ist so viel Pantothen enthalten wie im Gelée Royale. Gönnen Sie also Ihrer Haut Cremes mit Gelée Royale als täglichen Luxus.

Propolis wirkt gegen Entzündungen, und Bienenwachs pflegt die Haut und bewahrt sie vor Feuchtigkeitsverlust.

Kosmetik mit Bienenprodukten bekommen Sie in Apotheken, Drogerien, Reformhäusern und bei gut sortierten Imkern. Aber vieles können Sie auch ganz einfach selbst machen. Nachfolgend finden Sie Rezepte für Haut und Haar. Haushaltsunübliche Zutaten wie Glyzerin oder Alkohol erhalten Sie in Apotheken oder Fachgeschäften für selbst gemachte Kosmetik. Das Erhitzen der Zutaten muss immer sehr vorsichtig geschehen; am einfachsten arbeiten Sie mit einem Wasserbad in einer Pfanne, in das Sie das Glas/die Gläser stellen. Am besten eignen sich Bechergläser, aber alte Marmeladengläser tun es natürlich auch.

Reinigung

Mandel-Honig-Seife
(für gereizte Haut)
1 Stange weiße Rasierseife
1 Esslöffel Rosenwasser
1 Esslöffel Lanolin
1 Tropfen Bittermandelöl
1 Esslöffel süßes Mandelöl
1 Esslöffel Honig

Die Seife grob raspeln und mit dem Rosenwasser in einem Glas (Wasserbad) schmelzen. Lanolin und Öle zufügen, unter regelmäßigem Rühren abkühlen lassen, Honig unterrühren. Auf eine geölte Marmor- oder Glasplatte streichen, erstarren lassen und dann in Stücke schneiden.

Bienenwachsseife
(für strapazierte Haut)
180 g Bienenwachs · 80 g Babyseife
30 ml Mandelöl · 50 ml Rosenwasser
20 Tropfen Propolislösung (Rezepte Seite 36)
1 Esslöffel Blütenhonig

Bienenwachs in einem Becherglas oder alten Marmeladenglas (Wasserbad) schmelzen, Seife raspeln und darin lösen, unter gelegentlichem Umrühren erkalten lassen. In einem zweiten Glas Mandelöl und Rosenwasser erhitzen, in die Seife-Wachs-Mischung einrühren, Propolis zugeben, unter Rühren abkühlen, lauwarm den Honig einrühren. Seife in eine geölte Form oder auf eine geölte Platte gießen, erkalten lassen, in Stücke schneiden.

Wenn Sie diese hautpflegende Seife verschenken wollen, gießen Sie sie in Ausstechförmchen. Ölen Sie dabei die Förmchen innen aus, drücken Sie sie beim Eingießen fest auf die Unterlage, damit nicht zu viel ausläuft. Sie können auch geölte Sandkastenspielförmchen nehmen.

Englisches Honigwasser
(für empfindliche und trockene Haut)

50 ml Rosenwasser · 50 ml Orangenblütenwasser
25 ml reiner Alkohol (70%) · 1 Teelöffel Honig
3 Tropfen ätherisches Melissenöl

Rosen- und Orangenwasser mit dem Alkohol mischen, den Honig in die Flüssigkeit einrühren, am Ende das Melissenöl (Achtung, sehr teuer!) zugeben.

Dieses milde aromatische Gesichtswasser belebt zarte und ermüdete Haut. Es eignet sich auch für trockene Altershaut und empfiehlt sich besonders als Reinigung nach der Reinigungsmilch.

Malvenwasser
(für gereizte Haut)

200 ml Wasser · 1 Esslöffel getrocknete Malvenblüten
1 Teelöffel Honig

Wasser kochen, die Malven aufgießen, 15 Minuten ziehen lassen, abseihen, Honig darin lösen.

Eignet sich für die Säuglingspflege und als Hautpflegemittel allgemein. Lindert Hautreizungen und verleiht einen makellosen Teint.

Joghurtreinigung
(für strapazierte Haut)

150 g Joghurt · 50 g Honig

Joghurt und Honig gründlich mischen, in einem Topf bei schwacher Hitze einige Minuten erwärmen, in ein Glas füllen und mindestens zwei Stunden im Kühlschrank ziehen lassen. Mit einem Wattebausch aufs Gesicht auftragen, einige Minuten einwirken lassen, dann gründlich abwaschen. Wirkt besonders mild und schonend.

Honig-Zitronen-Reinigung
(gegen Sommersprossen)

250 g Honig · Saft einer Zitrone
60 ml Glyzerin
60 ml reiner Alkohol (70%)

Honig leicht erwärmen, damit er flüssig ist, alle Zutaten einrühren. Abends die Haut damit betupfen. Am nächsten Morgen mit lauwarmem Wasser abwaschen.

Die Mixtur hilft gegen Sommersprossen, wobei die Frage bleibt, warum man etwas gegen die fröhlichen Punkte im Gesicht unternehmen soll. Außerdem hilft das Rezept gegen unreine und müde Haut.

Honig-Zitronen-Milch
(für unreine Haut)

100 g Honig · 100 ml Milch · Saft einer Zitrone

Honig und leicht erwärmte Milch mischen, Zitronensaft zugeben, kräftig schütteln. Bestreichen Sie jeden Abend Ihr Gesicht damit und waschen Sie es morgens mit lauwarmem Wasser ab. Meiden Sie generell heißes Wasser, denn es reizt die Poren. Die Honig-Zitronen-Milch hilft gegen Pickel, Pusteln und Grindstellen.

Honig-Mandelöl-Emulsion
(für trockene Haut)

2 Esslöffel Honig · 1 Esslöffel süßes Mandelöl

Honig und Öl gründlich miteinander verrühren. Die Emulsion auf die gereinigte Haut auftragen und leicht einmassieren. Nach 30 Minuten Entspannung mit lauwarmem

Wasser und einem weichen Tuch oder Baumwollwatte entfernen.

Dieses Schönheitsrezept aus Amerika nährt trockene Haut und löst alte Hautschuppen und vertrocknete Talgpfropfen. Nachfolgend eine „Luxusversion" dieses Rezepts mit fast allen Produkten, die der Bienenstock zu bieten hat:

Bienen-Balsam
(für sehr trockene Haut)
5 g Gelée Royale
10 ml Propolislösung (Rezepte Seite 36)
6 Tropfen ätherisches Lavendelöl
je 1 Teelöffel Weizenkeimöl, Haselnussöl und Avocadoöl
200 g Pollenhonig (Rezept Seite 74)

Alle Zutaten außer Pollenhonig gut miteinander vermischen. Den Pollenhonig auf höchstens 30 °C erwärmen, unter ständigem Rühren das Ölgemisch zugeben. Nach dem Erkalten noch einmal kräftig rühren und in einem fest verschließbaren Glas im Kühlschrank aufbewahren.

Tragen Sie den Balsam jeden Abend aufs Gesicht auf; leicht einmassieren und nach 20 Minuten mit lauwarmem Wasser abspülen.

Buttermilchreinigung
(für strapazierte Haut)
1 Esslöffel Honig
250 ml Buttermilch

Honig und Buttermilch gründlich miteinander verrühren. Mit einem Wattebausch auf Gesicht, Hals und eventuell Dekolleté verteilen. Zehn Minuten einwirken lassen. Mit lauwarmem Wasser abwaschen.

Kamillen-Reinigungsmilch
(für sensible, gereizte Haut)
50 g weiße Babyseife · 250 ml destilliertes Wasser
40 ml Olivenöl · 30 ml süßes Mandelöl
1 Esslöffel Honig · 1 Esslöffel Kamillenblüten · 250 ml Wasser

Seife grob raspeln, mit dem Wasser mischen und über Nacht stehen lassen. Unter Rühren im Wasserbad erwärmen, bis sich die Seife vollständig gelöst hat. Seifenwasser etwas abkühlen lassen, Öle und den Honig einrühren. Kamillentee mit 250 ml Wasser kochen, zehn Minuten ziehen lassen, abseihen. Lauwarm unter die Seifen-Öl-Masse rühren. Die Reinigungsmilch hält in einer verschließbaren Flasche im Kühlschrank etwa drei Wochen.

Für die Reinigung die Milch mit einem Wattebausch aufs Gesicht auftragen, etwas einwirken lassen und mit lauwarmem Wasser abwaschen.

Masken

Wenn Sie eine Maske aufgetragen haben, gönnen Sie sich und Ihrer Haut Pause. Entspannen Sie sich bei ruhiger Musik, beduften Sie Ihr Zimmer mit ätherischen Ölen.

Waschen Sie die Maske immer mit lauwarmem Wasser ab, denn heißes Wasser reizt die Poren und fördert die Fettproduktion. Sie können auch abgekühlten Kräutertee zum Abwaschen verwenden.

Honiggelee-Straffung
(kühlt und erfrischt)
30 ml Rosenwasser · 3,5 g Gelatine
1 Teelöffel Honig · 20 ml destilliertes Wasser

In einem Becherglas oder alten Marmeladenglas vorsichtig das Rosenwasser erwärmen (Wasserbad) und die

Gelatine darin auflösen. In einem anderen Glas Bienenhonig im destillierten Wasser auflösen. Beide Mixturen mischen und unter Rühren erkalten lassen, bis die Masse geleeartig wird. Auf die Haut auftragen, ruhen, nach 30 Minuten abwaschen.

Die Maske reicht für mehrere Anwendungen. Sie hält sich am besten im Kühlschrank und sollte vor der Anwendung etwas erwärmt werden. Sie ist gut verträglich, hilft gegen müde, schlaffe Haut, kühlt und erfrischt.

Erdbeer- oder Himbeer-Packung
(nährt und beruhigt)

5 Erdbeeren oder eine Hand voll Himbeeren
1 Teelöffel süße Sahne · 1 Teelöffel Honig

Beeren gut waschen (vor allem, wenn sie gespritzt sind), fein zerdrücken, mit der Sahne und dem Honig zu einem Mus rühren und auf das Gesicht streichen. Am besten mit einer feuchten Kompresse abdecken, ruhen, nach 20 bis 30 Minuten abwaschen.

Die Packung nährt und beruhigt trockene, normale, empfindliche und Mischhaut. Hier wirkt nicht nur der Honig reinigend und feuchtigkeitsspendend: Das Fett der Sahne nährt die Haut zusätzlich. Der hohe Schwefelgehalt der Erdbeeren verspricht einen schönen Teint.

Vorsicht! Allergiker könnten diese Packung nicht vertragen. Zum Test eine Erdbeere auf der Haut abreiben.

Weizenmehl-Maske
(reinigt und glättet)

1 Esslöffel Weizenvollkornmehl · 1 Esslöffel Milch
1 Esslöffel Honig

Mehl möglichst frisch mahlen, Milch und Honig mischen und leicht erwärmen, mit dem Mehl zu einem dicken Brei verrühren, auf das Gesicht auftragen und einwirken lassen, ruhen, nach 30 Minuten abwaschen.

Statt Milch können Sie auch abgekühlten Lindenblüten- oder Kamillentee nehmen. Wenn Sie mehr davon aufbrühen, können Sie den Kräutersud später zum Abwaschen der Maske verwenden.

Die Weizenmehl-Maske reinigt und glättet und eignet sich besonders für die Mischhaut. Bei trockener Haut keinen Kamillentee verwenden, denn Kamille trocknet zusätzlich aus.

Honig-Eiweiß-Maske
(für fettige, unreine und Problemhaut)

1 Eiweiß
3 Esslöffel Honig
1 Esslöffel Weizenvollkornmehl

Eiweiß zu Eischnee schlagen, nach und nach den Honig unterschlagen. Mehl möglichst frisch mahlen, mit dem Eischnee zu einem Teig verrühren, aufs Gesicht auftragen, ruhen, nach 30 Minuten erst mit warmem, dann mit kaltem Wasser abwaschen.

Honigbrei-Maske
(für müde und strapazierte Haut)

1 Esslöffel Gerstenvollkornmehl
1 Esslöffel Honig · 1/2 Eiweiß

Mehl möglichst frisch mahlen, Honig leicht erwärmen, alle Zutaten miteinander vermischen und noch warm mit einem Pinsel auf das Gesicht streichen, ruhen, nach 30 Minuten abwaschen und kalt nachspülen.

Sie können statt Gerste auch Hafer nehmen und das halbe Eiweiß durch ein Eigelb ersetzen. Diese Maske macht müde Haut wieder straff und zart.

Kleie-Maske
(entzündungshemmend, für Mischhaut)
2 Esslöffel Kleie · 1 Esslöffel Honig
1 Eigelb oder 1 Esslöffel süße Sahne bzw. lauwarme Milch
Kleie mit Honig und Eigelb (oder Sahne bzw. Milch) vermischen, bis sie zum streichfähigen Brei verdickt, auf das Gesicht auftragen, ruhen, nach 30 Minuten abwaschen.

Kleie hat einen hohen Vitamingehalt und hemmt Entzündungen. Das unterstützt die Wirkung des Honigs. Die Maske nährt und erfrischt die Haut, hilft bei unreiner Mischhaut und eignet sich, mit Sahne angerührt, gut für trockene Haut.

Eigelb-Maske
(für trockene Haut und rissige Hände)
1 Teelöffel Honig · 1 Eigelb · 1 Teelöffel Glyzerin
Zutaten mischen und glatt rühren. Auf das Gesicht auftragen, ruhen, nach einer halben bis einer Stunde abwaschen. Nährt trockene und alte Haut und pflegt rissige Hände.

Bei empfindlicher Haut können Sie das Glyzerin durch einige Tropfen Olivenöl (extra vergine) ersetzen. Dann nur 20 Minuten einwirken lassen. Nährt und glättet empfindliche und trockene Haut.

Heilerde-Maske
(strafft und reinigt)
1 Esslöffel Heilerde · 1 Teelöffel Honig
1 Esslöffel Rosenwasser
Heilerde mit Honig und Rosenwasser verrühren. Auf das Gesicht streichen, eventuell auch auf Hals und Dekolleté, ruhen, nach 30 Minuten sorgfältig abwaschen.

Quark-Maske I
(für trockene Haut)
3 Esslöffel Quark (40%)
1 Esslöffel Honig
Quark und Honig verrühren und auf das Gesicht streichen, ruhen, nach 15 Minuten abwaschen.

Wenn sie keinen 40-%igen Quark griffbereit haben, können Sie auch einen Teelöffel Sahne dazugeben. Dieses Rezept findet sich in der Literatur auch als Schwedische Schönheitspackung. Es reinigt und glättet die Haut.

Quark-Maske II
(für fettige Haut)
2 Esslöffel Magerquark
1 Esslöffel Honig
1 Esslöffel Zitronensaft
1 Esslöffel Frischmilch
Alle Zutaten miteinander verrühren und auf die Haut streichen, ruhen, nach 15 Minuten abwaschen.

Quark-Öl-Packung
(für trockene und spröde Haut)
2 Esslöffel Quark
1 Esslöffel Honig
wenige Tropfen süßes Mandel- oder Jojoba-Öl
Quark, Honig und Öl miteinander glatt rühren und auf das Gesicht streichen, ruhen, nach 15 bis 30 Minuten abwaschen. Diese Packung erfrischt und glättet trockene und spröde Haut.

Pflege und Erfrischung

Coldcreme
(pflegende und kühlende Nachtcreme)

Coldcreme beruht auf einem Rezept aus dem Mittelalter. Diese „Urcreme" macht etwas Mühe, pflegt aber ausgezeichnet und kühlt die Haut – daher der Name. Außerdem wird ihr eine positive Wirkung auf die Lymphe zugeschrieben.

90 ml Öl, z.B. aus Mandeln, Avocado, Jojoba, Oliven, Sonnenblumen oder Soja, auf jeden Fall kaltgepresst
10 g Bienenwachs
10 g Walratersatz
1,5 g Cetylalkohol
Nach Bedarf: je 15 ml destilliertes Wasser

Zuerst rühren Sie eine Fettphase, die sich monatelang im Kühlschrank hält. Für den laufenden Bedarf rühren Sie nur ein 50-Gramm-Döschen frische Creme an.

Für die Fettphase Öl, Bienenwachs, Walratersatz (echter Walrat verbietet sich heute aus tierschützerischen Gründen) und den weißen, schuppenartigen Cetylalkohol mit einer Briefwaage abwiegen, zusammen in einem Marmeladenglas oder Becherglas vorsichtig erhitzen (Wasserbad), so lange rühren, bis sich alles gelöst hat. Das kann evtl. eine Viertelstunde dauern, denn nur wenn Sie die Hitze vorsichtig dosieren, bleiben die wertvollen Inhaltsstoffe erhalten. Ist das Ölgemisch klar gelb, vom Herd nehmen und unter Rühren abkühlen lassen.

Ein kaltes Wasserbad beschleunigt diesen Vorgang, aber seien Sie nicht ungeduldig: Erst wenn die Fettphase milchig trüb und cremeartig wird, können Sie mit Rühren aufhören. Diese Fettphase fest verschlossen im Kühlschrank bevorraten.

Für die Creme 15 ml destilliertes Wasser in einem Glas erhitzen und kurz aufkochen lassen, das tötet eventuelle Keime ab; auf etwa 70 °C abkühlen. 30 Gramm Fettphase in einem zweiten Glas (Wasserbad) vorsichtig erhitzen, bis sie klar und gelb ist. Beides vom Herd nehmen, das Wasser unter ständigem Rühren ins Fett (nie umgekehrt) tropfen und rühren, rühren, rühren. Da keiner der sonst üblichen industriellen Emulgatoren verwendet wird, dauert es ziemlich lange, bis die Wassertropfen fein eingerührt sind. Auch hier können Sie das Erkalten mit einem Wasserbad unterstützen, aber seien Sie nicht ungeduldig, sonst gerinnt die Creme.

Um den Luxus der selbst gerührten Coldcreme zu perfektionieren, können Sie einen Tropfen natürliches ätherisches Rosenöl in die fertige Creme geben. Das Öl duftet, pflegt, beruhigt, löst, schmeichelt und geht eine harmonische Verbindung mit dem Honigduft ein.

Die Creme gut verschließen und möglichst kühl lagern, da keinerlei Konservierungsstoffe enthalten sind.

Handcreme
(Alltagscreme)

Diese Handcreme enthält einen Emulgator, der allerdings so mild ist, dass er sogar in Lebensmitteln zugelassen ist.

Fettphase:
25 g Tegomuls 90S (Emulgator)
60 g Soja- oder Sesamöl
15 g Bienenwachs · 5 g Cetylalkohol
Für die Creme:
30 ml destilliertes Wasser
Konservierungsmittel nach Wunsch
Zusatzstoffe: Propolislösung (Rezepte Seite 36)
oder Gelée Royale

Bienen-Kosmetik selbst gemacht

Emulgator, Öl, Bienenwachs und Cetylalkohol mischen, in einem Becherglas oder alten Marmeladenglas vorsichtig erhitzen (Wasserbad), rühren, bis die Flüssigkeit klar ist, abkühlen lassen und für die Aufbewahrung im Kühlschrank in ein dicht verschließendes Gefäß geben.

Für die fertige Handcreme Wasser aufkochen und auf 70 °C abkühlen lassen. Wenn Sie wollen, etwas Konservierungsmittel zugeben. Zehn Gramm Fettphase vorsichtig schmelzen. Das Wasser langsam in das flüssige Fett geben, dabei ständig rühren und in einem kalten Wasserbad glatt rühren. Als Zusatzstoffe bieten sich 15 Tropfen Propolislösung (konserviert!) oder ein halber Espressolöffel Gelée Royale an. Die Gelée-Royale-Creme müssen Sie unbedingt im Kühlschrank aufbewahren.

Parfümcreme
(individuelle Duftcreme)
50 g Rizinusöl · 2 g Bienenwachs
1 g Carnaubawachs · Parfümöl nach Wahl

Erhitzen Sie die drei Zutaten vorsichtig unter ständigem Rühren in einem Becherglas oder einem alten Marmeladenglas (Wasserbad), bis sich die Wachse im Öl gelöst haben. Nach Belieben können Sie ein Konservierungsmittel zugeben. Bewahren Sie diese Masse im Kühlschrank auf, sie hält unkonserviert ein Jahr.

Für den laufenden Gebrauch erhitzen Sie etwa fünf Gramm der Fettphase vorsichtig im Wasserbad; beim Abkühlen – mindestens Körpertemperatur abwarten – rühren Sie 1 ml, entspricht etwa 20 Tropfen, Parfümöl Ihrer Wahl ein. Sie können zu Ihrem Lieblingsparfüm (kein Eau de Toilette) greifen oder ätherische Öle nehmen, die es pur oder in verschiedenen Mischungen zu kaufen gibt.

Propoliskörperöl
(für spröde und gereizte Haut)
90 ml Avocado-Öl · 10 ml Lanolin
10 Tropfen Propolislösung (Rezepte Seite 36)
7 Tropfen ätherisches Lavendelöl

Avocado-Öl und Lanolin in einem Becherglas oder alten Marmeladenglas (Wasserbad) erwärmen, rühren, bis die Flüssigkeit klar ist, unter Rühren abkühlen und bei unter 40 °C Propolislösung und Lavendelöl einrühren.

Eignet sich als Massageöl besonders für trockene, spröde und gereizte Haut. Statt des sehr fetten Avocado-Öls können Sie auch Jojoba-Öl, Macadamianussöl oder süßes Mandelöl nehmen.

Honigmassageöl
(für Sie und andere)

Verwöhnen Sie sich und Ihre(n) Partner(in) mit süßem, hautpflegendem Massageöl. Es wärmt, beruhigt und pflegt empfindliche und entzündete Haut.

100 ml Mandelöl · 15 Tropfen ätherisches Honigöl
5 Tropfen ätherisches Lavendelöl

Miteinander vermischen, fertig. Wenn Sie die Mischung einige Tage stehen lassen, reift die Duftkomposition nach.

Propolis-Deodorant
(schweiß- und entzündungshemmend)
5 Tropfen Propolislösung (Rezepte Seite 36)
1 g Alaun · 30 ml reiner Alkohol (96%)
50 ml Rosenwasser
1 ml Menthol

Propolis, Alaun und Alkohol mischen, Rosenwasser leicht erwärmen und Menthol darin lösen. Alles zusammen in einem 100-ml-Apothekerfläschchen verschütteln.

Dieses Deodorant erfrischt und reguliert die Schweißbildung auf natürliche Art und Weise.

Es verhindert Entzündungen, wenn Sie sich die Achselhaare frisch ausrasiert haben. Bienenwachs ist in vielen Mitteln zur Beinenthaarung enthalten. Gehen Sie nach Anweisung auf der Packung vor. Wenn Sie diese Prozedur den Beinen schon antun, dann pflegt und besänftigt das Wachs wenigstens die vielen kleinen Wunden, die dabei hinterlassen werden.

Honigbäder

Honig ist ein wunderbarer Badezusatz: Er reinigt und beruhigt die Haut, lindert Entzündungen und spendet Feuchtigkeit. Honig löst sich vollständig im Wasser, Sie brauchen keine klebrigen Rückstände zu befürchten. Verwenden Sie „klaren" Honig, also Honig, der nicht kristallisiert ist. Kristallisierten Honig verflüssigen Sie durch vorsichtiges Erwärmen im Wasserbad (nicht über 42 °C erhitzen).

Schon ein einfaches Honigbad beruhigt Haut und Sinne: Geben Sie 150 Gramm Honig ins warme Badewasser. Zart umschmeichelt der Honigduft Ihre Nase und beruhigt Sinne und Nerven. Wenn Sie Ihrer Nase raffiniertere Kompositionen gönnen wollen, finden Sie auf der nächsten Seite verschiedene Duftbad-Mischungen, die auch therapeutische Wirkung haben.

Französisches Honigmilch-Bad
(verwöhnt die Haut)
1 Liter Milch · 150 g Honig
Kleopatra badete angeblich in Eselsmilch, Kaiserin Sisi soll in Milch gebadet haben, und aus Frankreich kommt dieses Bad: Milch leicht erwärmen, den Honig darin auflösen und ins Badewasser geben. Macht die Haut weich und zart und verleiht ihr einen matt schimmernden Glanz.

Unter Zugabe von zwei Esslöffeln Pollen machen Sie daraus ein Honig-Pollen-Bad, das die Haut pflegt und erfrischt. Pollen mit dem Honig in der leicht erwärmten Milch lösen.

Honig-Sahne-Bad
(rückfettend)
2 Esslöffel Honig · 4 Esslöffel Sahne
Honig und Sahne miteinander verrühren, ins Badewasser geben. Das Honig-Sahne-Bad pflegt trockene, spröde und gereizte Haut und hinterlässt ein angenehm cremiges Gefühl auf der Haut, ohne zu glänzen, wie es bei Ölbädern passieren kann.

Honigmilch-Salzbad
(entspannend, entschlackend)
200 g Meersalz · 150 g Honig · 1 Liter Milch
(bei trockener Haut zusätzlich 1 Esslöffel Weizenkeimöl)
Salz ins Badewasser streuen, Honig in der Milch lösen, eventuell das Weizenkeimöl einrühren. Ins Badewasser geben. Wirkt entspannend, entschlackt und reinigt die Haut.

Kräuterbad
(belebend, reinigend)
je 2 Esslöffel Fenchel, Heublumen, Lavendel, Lindenblüten, Kamille, Pfefferminze, Rosmarin und Salbei
1 Liter Wasser · 200 g Honig
Kräuter mit kochendem Wasser überbrühen und ein bis zwei Stunden stehen lassen. Abgießen und Kräuter aus-

drücken, Honig im Sud lösen, Mixtur ins Badewasser geben. Dieses Bad belebt die Haut, fördert die Durchblutung und reinigt die Poren. Allergiker sollten vorsichtig mit den Blüten umgehen.

Duftbäder

Mit Ausnahme des Kräuterbades können Sie alle bisher genannten Bäder auch beduften, indem Sie für ein Vollbad etwa 20 Tropfen reine ätherische Öle in die Bademischung geben. Honig hat eine leicht emulgierende Wirkung, das heißt, er verbindet Wasser mit Öl, sodass die ätherischen Essenzen sich gleichmäßig im Wasser verteilen und nicht obenauf schwimmen. Sahne und Milch unterstützen die Emulsionsbildung.

Duftbäder verwöhnen nicht nur die Nase, sondern wirken über das Duftzentrum im Gehirn auch auf unsere Psyche. Außerdem nehmen wir die Inhaltsstoffe der ätherischen Öle auch über die Schleimhäute und generell über die Haut auf.

Wenn Sie neben dem Duft auch die Heilwirkung ätherischer Öle nutzen wollen, sollten Sie auf jeden Fall natürliche Öle, möglichst aus naturnahem Anbau, wählen. Misstrauen Sie Billigangeboten, wobei man allerdings keine pauschale Preisangabe machen kann. Relativ billig sind beispielsweise Öle aus den Schalen der Zitrusfrüchte: Zehn Milliliter bekommt man schon ab etwa drei Euro. Die teuersten Öle stammen von Melisse und Rose: Ein Milliliter (!) kostet ab 15 Euro.

Für Bademischungen brauchen Sie reine ätherische Öle, keine in fetten Basisölen gelösten Duftöle. Mischungen für Heilbäder finden Sie bei den jeweiligen Indikationen im vorhergehenden Kapitel.

Die hautpflegende Wirkung des Honigs unterstützen Sie am besten mit folgenden ätherischen Ölen: Benzoe, Geranie, Honigöl, Jasmin, Kamille (deutsche und römische), Karottensamen, Lavendel, Mimose, Myrte, Orangenblüte (= Neroli), Orangenschale, Rose, Rosenholz, Sandelholz, Schafgarbe, Weihrauch und Zedernholz.

Aphrodite-Bad
(verschönt und verwöhnt)

Geben Sie in das Honigmilch-Bad oder das Honig-Sahne-Bad (Rezepte Seite 89) folgende ätherische Öle:

10 Tropfen Sandelholz
2 Tropfen Orangenblüten (= Neroli)
je 4 Tropfen deutsche Kamille und Karottensamen

Kinderbad
(für sensible Näschen)

3 Tropfen Kamille (römische) · 4 Tropfen Mandarine
2 Tropfen Honigöl

Fast alle Kinder haben eine Abneigung gegen zu intensive Gerüche. Meist finden nur wenige ätherische Öle bei der Schnupperprobe Gnade vor ihren Geruchsnerven. Vermutlich sind ihre Geruchssinne noch feiner als die der Erwachsenen und lehnen jede Überreizung ab. Achten Sie die Vorlieben und Abneigungen Ihrer Kinder!

Die meisten kleinen Nasen mögen das ätherische Honigöl, Vanille, Aprikose und Mandarine. Lassen Sie Ihre Badewannenkapitäne die Mischung ruhig selbst zusammenstellen, bei den Zutaten kommt es nicht auf das letzte Gramm an. Ich empfehle als Basismischung für Kinder ein Bad mit Milch oder Sahne: Wenn schon kein Schaum, dann wenigstens ein wenig Undurchsichtigkeit, damit lässt sich's herrlich spielen.

Haarpflege

Olivenölpackung
(für trockenes, sprödes Haar)
2 Esslöffel Honig
1 Esslöffel Olivenöl (extra vergine)
Honig und Öl vermischen und in das handtuchtrockene Haar verreiben. Haare mit einem Handtuch oder einer Plastikhaube abdecken und die Packung bis zu einer Stunde einwirken lassen. Danach gründlich ausspülen und die Haare noch mal waschen.

Eigelb-Kur
(für fettiges Haar)
2 Eigelb
1 Esslöffel Honig
Eigelbe und Honig miteinander verrühren, ins handtuchtrockene Haar einmassieren, mit Handtuch oder einer Plastikhaube abdecken, bis zu einer Stunde einwirken lassen. Gründlich ausspülen und die Haare noch mal waschen.

Honig-Haarfestiger
(für jedes Haar)
1 Teelöffel Honig
250 ml Wasser
1 Schuss Apfelessig
Zutaten mischen. Nach jeder Wäsche einige Spritzer davon auf das handtuchtrockene Haar auftragen, durchkämmen. Festigt das Haar.

Die Honigküche

Halten wir uns an Pfarrer Kneipp: „Eure Nahrung sei Arznei, eure Arznei Nahrung." Über die erstaunlichen Fähigkeiten des Honigs als Naturheilmittel und Kosmetikum wissen Sie mittlerweile einiges. Nun liegt es an Ihnen, dem Honig als alltäglichem Heilmittel den rechten Platz in der Küche zuzuweisen.

Industriell hergestellter Zucker ist ein Vitamin- und Kalziumräuber. Zwar ist das Ausgangsprodukt ein natürliches, die Zuckerrübe oder das Zuckerrohr beispielsweise, aber in der Raffinerie wird den Pflanzen alles entzogen, was nicht reiner Zucker ist. Zurück bleibt ein Zweifachzucker, den der Körper nur unter Einsatz von Vitaminen und Kalzium verwerten kann.

Mit Honig tut sich unsere Verdauung viel leichter: Seine Hauptbestandteile neben Wasser sind Fruchtzucker und Traubenzucker, beides Einfachzucker, welche der Organismus schnell verwertet. Dazu liefert Honig rund 180 weitere wertvolle Stoffe.

Die nachfolgenden Rezepte sollen Sie anregen, mehr Honig zu verwenden. Das süße Gold ist nicht nur am Frühstückstisch und in der Backstube wichtig. Es verleiht auch Fleisch und Fisch, Salat und Gemüse eine besondere Note. Probieren Sie es aus!

Wenn Sie in eigenen Rezeptsammlungen Zucker durch Honig ersetzen, geht das in der Regel 1 : 1. Es gibt aber auch Köche, die empfehlen, weniger Honig als Zucker zu nehmen. Sie begründen das mit der angeblich höheren Süßkraft des Bienenprodukts. Ich denke, das liegt – wenn es denn stimmt – daran, dass Honig einen intensiveren Geschmack hat. Lassen Sie Ihre Geschmacksnerven entscheiden.

Alle Rezepte sind, wenn nicht anders angegeben, für vier Personen ausgelegt.

Frühstück

Frühstücken Sie wie ein Kaiser oder brauchen Sie morgens nur ganz wenig? Keine Sorge, ich halte hier keinen Vortrag, was „richtig" ist. Ich bin überzeugt davon, dass jeder Körper selbst sagt, was ihm gut tut.

Wenn Sie am Vormittag unter Völlegefühl leiden, sollten Sie es mal mit Obst am Morgen probieren. Wenn Sie umgekehrt den Mittag sehnsüchtig und mit knurrendem Magen erwarten, war Ihr Frühstück zu schmal. Essen Sie Müsli mit Nüssen und Flocken oder gönnen Sie sich eine Zwischenmahlzeit: einen Joghurt mit Honig und Haferflocken zum Beispiel.

Genießen Sie zum Frühstück Ihr Honigbrot und bereiten Sie Ihren Geschmacksnerven das Vergnügen, verschiedene Sorten auf verschiedenem Brot auszuprobieren. Es liegen Welten zwischen dem Buttertoast mit Lindenblütenhonig und dem Pumpernickel mit Tannenhonig.

Marmelade und Konfitüre bestehen in der Regel zu mindestens 60 Prozent (!) aus Zucker. Deshalb finden Sie zu Beginn ein paar gesündere Vorschläge für Honig-Brotaufstriche.

Brotaufstriche

Butterhonig
(halbes Honigglas Vorrat)

100 g Butter · 100 g Blütenhonig

Beides auf Zimmertemperatur erwärmen und zu einer cremigen Masse verrühren. Am einfachsten geben Sie Honig und Butter bereits zum Verrühren in ein Honigglas, dann müssen Sie danach nicht mehr umfüllen und haben kein klebriges Geschirr.

Als Butterhonig ist die Butter jederzeit streichfähig, und der Honig läuft nicht vom Brot. Hält im Kühlschrank zwei Wochen lang frisch.

Haferflocken-Apfel-Mus
(zwei Gläser Vorrat)

Diesen Brotaufstrich mit Äpfeln mögen Kinder gern. Er regt bei schlechten Essern und geschwächten Menschen die Verdauung an.

4 Äpfel · 4 Esslöffel Haferflocken
1 Becher Joghurt
1 Vanilleschote
4 Esslöffel Honig

Äpfel entkernen, klein schneiden und vorsichtig dünsten, noch warm mit Haferflocken, Joghurt und dem Mark der Vanilleschote mischen, Honig zum Schluss unterrühren. Schmeckt auch pur als Dessert. Hält als Brotaufstrich eine Woche im Kühlschrank.

Hagebuttenmark
(vier 150-g-Gläser Vorrat)

Hagebutten haben wesentlich mehr Vitamin C als alle anderen Früchte und Gemüse. Verwenden Sie gekauftes, aber unbedingt pures Mark oder machen Sie sich die Mühe, die roten Früchte im Herbst zu sammeln und von Kernen und Schalen zu befreien.

300 g ungezuckertes Hagebuttenmark · 200–300 g Honig

Hagebuttenmark und Honig glatt verrühren. Nehmen Sie von flüssigem Blütenhonig mehr, von zähem Waldhonig weniger. Fertiges Mus in Gläser füllen und im Kühlschrank aufbewahren. Hält zwei bis drei Monate.

Marmelade
(sieben 200-g-Gläser Vorrat)

Die Honigmenge richtet sich nach der Süße der Früchte. Stachelbeeren, Johannisbeeren, Rhabarber, Holunder oder Sauerkirschen brauchen mehr, Erdbeeren, Heidelbeeren oder Aprikosen weniger Honig. Nehmen Sie nicht den edelsten Honig, denn durch das Kochen verliert er viel von seinen Enzymen.

1 kg reife Früchte · 300–500 g Honig (Akazien, Klee, Raps)
evtl. Saft einer Zitrone
evtl. Gewürze, z.B. Anis, Ingwer, Vanille, Zimt
15 g Agar-Agar oder anderes Geliermittel

Früchte säubern und zerkleinern, mit Honig mischen, über Nacht stehen lassen. Frucht-Honig-Mischung erhitzen und fünf Minuten köcheln lassen. Bei süßen Früchten Zitronensaft und nach Belieben Gewürze zugeben. Topf vom Herd nehmen, Agar-Agar in etwas Wasser anrühren und zugeben. Andere Geliermittel nach Gebrauchsanweisung verwenden.

Marmelade in heiß ausgespülte Gläser mit Schraubverschluss füllen. Zum Abkühlen auf den Kopf stellen. Diese Marmelade mit Honig enthält nur etwa halb so viel Zucker wie herkömmliche Marmeladen, deshalb öfter kleine Mengen frisch kochen. Sie können auch eingefrorenes Obst gut verwenden. Marmelade kühl und dunkel maximal drei Monate aufbewahren, angebrochene Gläser in den Kühlschrank stellen.

Preiselbeermarmelade
(sechs 150-g-Gläser Vorrat)

Preiselbeeren schmecken gut zu dunklem Fleisch (Wild!), zu überbackenem Camembert und zu Kartoffelpuffern. Sie werden roh gerührt.

500 g Preiselbeeren · 300 g Honig

Preiselbeeren waschen, verlesen und auf einem Tuch zum Trocknen ausbreiten. Beeren zerquetschen und allmählich den Honig dazurühren. Am Ende müssen alle Beeren zerquetscht sein, der Honig muss sich vollständig mit dem Beerensaft verbinden. In Gläser füllen und unverschlossen über Nacht stehen lassen, damit die eingerührte Luft entweichen kann. Gläser dann randvoll auffüllen und gut verschließen. Normalerweise schimmeln Preiselbeeren nicht, weil sie Stoffe enthalten, die gegen Schimmel wirken.

Müsli

Beim Wort Müsli rümpfen viele die Nase: Klingt gesund, trocken und körnig und schmeckt nicht. Gegen Vorurteile ist kein Kraut gewachsen. Auch Körner können saftig sein, nicht jedes Müsli enthält Körner, und es gibt gesunde Dinge, die sogar gut schmecken. Nachfolgend einige Rezepte zum Einstieg, Variationsmöglichkeiten: unendlich!

Birchermüesli
(1–2 Personen)

Das Birchermüesli gibt es nicht. Birchermüesli ist vielmehr eine Kombination von frischem Obst (meist Äpfeln) und einer Soße. Allein neun Grundsoßen kannte Dr. Bircher-Benner und wies ausdrücklich darauf hin, dass Variationen möglich seien. Hier mein persönlicher Favorit:

200 g Joghurt · 1 Teelöffel Honig
1 Esslöffel Zitronensaft
1 Esslöffel Vollkornhaferflocken
Saft einer halben Orange
1 Banane
1 Apfel
1 Esslöffel Haselnüsse

Alle Zutaten außer Obst und Nüssen in einer Schüssel zu einer Soße verrühren. Banane zerdrücken und untermischen. Apfel waschen, Blüte und Stiel entfernen, Apfel mit Kerngehäuse direkt in die Soße reiben. Sofort verrühren, das Obst sollte nicht braun werden. Haselnüsse darüber streuen. Nur frisch zubereitet essen!

Salate und Gemüse

Ob eingelegt oder konserviert – im ersten Moment denkt bei Salaten und Gemüsen niemand an vorhandenen Zucker, aber wenn Sie einmal im Supermarkt Gemüsekonserven in die Hand nehmen, dann werden Sie feststellen, dass fast in allen Industriezucker enthalten ist: des Geschmackes und der Haltbarkeit wegen. Selbstverständlich könnte man stattdessen auch Honig nehmen, aber der ist teurer, stellt Ansprüche an die Lagerbedingungen und ist maschinell nicht so einfach zu verarbeiten wie Zucker.

Bei frisch zubereiteten Salaten und Gemüsen können Sie jedoch Zucker durch Honig ersetzen. Für kalte Gerichte eignet sich der dünnflüssige helle Akazienhonig besonders gut. Nachfolgend einige Rezepte – nehmen Sie sie als Anregung für eigene Kochexperimente.

Müsli nach Pfarrer Kneipp
(1–2 Personen)

1 Apfel · 1 Esslöffel Zitronensaft
3 Esslöffel Honig · 250 g Quark
125 ml Milch · 1 Esslöffel Vollkornhaferflocken
1 Teelöffel Leinsamen geschrotet · 1 Esslöffel Nüsse

Apfel entkernen und fein reiben, mit Zitronensaft beträufeln. Honig und Quark verrühren, alle Zutaten miteinander mischen.

Beerenmüsli

2 Esslöffel Butter
4 Esslöffel Blütenhonig
1 Esslöffel Mandeln gehobelt
4 Esslöffel Vollkornhaferflocken
250 g Quark (20 %)
150 g Joghurt
500 g gemischte Beeren
(frisch oder aus der Tiefkühltruhe)

Butter in der Pfanne zerlassen, zwei Esslöffel Honig, Mandeln und Haferflocken zugeben und karamellisieren lassen. Währenddessen Quark mit Joghurt und zwei Esslöffeln Honig verrühren, Beeren vorsichtig unterheben und auf vier Teller verteilen. Knusprige Flocken darüber streuen und sofort servieren.

Sie können die Knusperflocken in größerer Menge auf Vorrat bereiten: Nach dem Karamellisieren auf eine Alufolie legen und trocknen lassen. Luftdicht verschlossen aufbewahren.

Einfache Salatsoße

1 Esslöffel Essig · 2 Esslöffel Öl · 1 Teelöffel Honig
nach Belieben 1 Teelöffel Senf · Salz und Pfeffer
zusätzlich 1 Zwiebel oder Knoblauchzehe oder
Kräuter wie Dill, Petersilie, Schnittlauch

Vermischen Sie zuerst Essig, Öl, Honig und gegebenenfalls Senf, bis eine milchige, dickflüssige Soße entsteht. Dabei garantiert die leicht emulgierende Wirkung des Honigs, dass sich Essig und Öl gleichmäßig zu einer sämigen Soße verbinden. Mit Salz und Pfeffer abschmecken.

Auf dieser Basis können Sie scharfe, würzige oder kräuterreiche Soßen für verschiedenste Salate mischen.

Frischkost-Dressing

Saft einer halben Zitrone · 1 Teelöffel Honig · 1 Prise Salz
100 g saure Sahne oder Crème fraîche

Zitronensaft mit Honig, Salz und Sahne fein verrühren. Dieses Dressing harmoniert gut mit geraspelter Frischkost, zum Beispiel: Sellerie, Äpfel, Rote Bete, Möhren, Kohlrabi, Rettich, Weiß- und Rotkohl, Fenchel.

Honigdressing

3 Esslöffel Blütenhonig · 1 Esslöffel Essig · 3 Esslöffel Öl
1 Teelöffel scharfer Senf · 1 Teelöffel Kräutersalz

Den Honig mit Essig, Öl und Senf gründlich verrühren, am Ende das Salz zugeben.
Dieses Dressing ist sehr süß und daher nicht jedermanns Geschmack. Es passt gut zu Kopfsalat, Chinakohl und milden Rohkostsalaten.

Warmer Kartoffelsalat

1 kg kleine neue Kartoffeln (fest kochende Sorte)
4 Esslöffel (Honig-)Weinessig · 125 ml Brühe
2 Esslöffel Honig · Salz und Pfeffer
3 Esslöffel ausgelassene Speckgrieben
1 milde Zwiebel · 1 Bund Radieschen
1 Bund Petersilie
4 Blätter junges Sellerigrün

Kartoffeln kochen, schälen, vierteln. Essig, Brühe, Honig, Salz, Pfeffer und Grieben zusammen in einem Topf erhitzen, über die Kartoffeln geben und vermischen. Zwiebel schälen und würfeln, Radieschen halbieren, Petersilie hacken, Sellerieblätter klein schneiden, alles unter die Kartoffeln heben.

Honigsauerkraut

2 große Zwiebeln · 75 g Butter · 750 g Sauerkraut
250 ml Apfelwein · 10 Wacholderbeeren
Kümmel, Nelken gemahlen, Rosmarin
50 g Honig · 1 Esslöffel Öl · Salz und Pfeffer

Zwiebeln schälen und klein schneiden, Butter im Topf zerlassen und die Zwiebeln darin glasig dünsten. Sauerkraut kurz mit anbraten, Wein und Gewürze zugeben, umrühren, etwa 50 Minuten auf kleiner Flamme zugedeckt köcheln lassen. Die Brühe abgießen, Honig und Öl unters Kraut heben. Mit Salz und Pfeffer würzen.

Kandierte Zwiebeln

250 g kleine Perlzwiebeln oder Schalotten
2 Esslöffel Butter · 1 Prise Salz
4 Esslöffel Lindenblütenhonig
1 Prise Cayennepfeffer · 2 Esslöffel Rosinen
4 Esslöffel fruchtiger Weißwein · 1 Thymianzweig
2 Esslöffel Sesam · schwarzer Pfeffer

Zwiebeln schälen. Butter in einer schweren Kasserolle schmelzen, Salz, Honig, Cayennepfeffer, Rosinen, Wein und Thymian zugeben und fünf Minuten köcheln. Mit den Zwiebeln weitere fünf Minuten kochen. Sesam ohne

Fleisch und Fisch

Chinesische Honigrippchen

Die chinesische Küche verwendet sehr viel Honig. Das ist kein Zufall, denn man erkannte dort schon vor Jahrtausenden den Wert einer gesunden Ernährung. Die Hofköche waren weise Männer, genauso geachtet wie Ärzte. Wenn Sie heute in einem chinesischen Kochbuch „Zucker" angegeben finden, können Sie ihn getrost durch Honig ersetzen.

1 kg Schweinerippchen · 3 Esslöffel Honig

Rippchen in Portionen von je drei Stück schneiden und quer in mundgerechte Stücke teilen (am besten gleich beim Metzger machen lassen). Haut und Fett entfernen, das Fleisch über Kreuz zwei bis drei Millimeter einschneiden, mit Honig einreiben und 30 Minuten stehen lassen.

2 Knoblauchzehen · 2 Esslöffel Honig
5 Esslöffel Sojasoße · 2 Esslöffel Hoisinsoße
2 Esslöffel (Honig-)Weinessig
2 Esslöffel Reiswein oder trockener Honigwein
1 Teelöffel Pfeffer · 1/2 Teelöffel Paprika edelsüß
Öl zum Braten und Bepinseln
Petersilie oder Ananasstückchen zum Garnieren

Knoblauchzehen auspressen, mit Honig und den restlichen Zutaten mischen. Die Rippchen in die Marinade legen und mindestens zwei Stunden ziehen lassen.

Fett in einer heißen Pfanne goldbraun rösten. Thymianzweig entfernen, Zwiebeln in eine flache Schale geben, schwarzen Pfeffer darüber mahlen und mit Sesam bestreuen.

Eignet sich als Beilage zu Fisch oder als kleine Vorspeise mit Baguette.

Kürbis gebacken

1 kg oranger Kürbis (Oranger Knirps)
Butter zum Ausfetten
Salz, Ingwerpulver, schwarzer Pfeffer
1 frischer Zweig Rosmarin
3 Esslöffel Rosmarinhonig

Kürbis schälen, entkernen, in feine Schnitze schneiden. In eine gebutterte Gratinform schichten. Salz, eine Prise Ingwerpulver, frisch gemahlenen Pfeffer und abgezupfte Rosmarinnadeln mit dem leicht erwärmten Honig mischen und über den Kürbis gießen. Im vorgeheizten Backofen bei 190 °C etwa 20 Minuten backen, bis der Kürbis weich ist.

Backofen auf 220 °C vorheizen, Bratgitter mit Öl bestreichen und die Rippchen drauflegen, auf die Fettpfanne stellen und in den Ofen schieben. Temperatur auf 170 °C herunterdrehen. Sie können auch auf oberster Schiene grillen. Nach 15 Minuten die Rippchen wenden und mit Öl bepinseln. Mehrmals wenden und bestreichen, bis das Fleisch rundum schön knusprig ist.

Mit Petersilie garnieren und/oder Ananasstückchen darüber geben. Dazu passen chinesischer gebratener Reis oder gebratene Nudeln.

Imkerbraten

Fett für die Form · 750 g Kartoffeln · 500 g Äpfel
1 Knoblauchzehe · 1 große Zwiebel
500 g mageres Lammfleisch · 1 unbehandelte Orange
8 Esslöffel Lindenblütenhonig
250 ml Apfelwein · 10 Salbeiblätter · Salz, schwarzer Pfeffer

Auflaufform oder Bräter gründlich ausfetten. Kartoffeln und Äpfel schälen, Äpfel entkernen und beides in dünne Scheiben schneiden. Knoblauch auspressen. Zwiebel schälen und in Ringe schneiden. Die Hälfte der Kartoffelscheiben in die Form schichten. Fleisch in Scheiben schneiden und drauflegen, mit Knoblauch bestreichen. Mit Kartoffelscheiben, Äpfeln und Zwiebeln in drei Schichten übereinander legen. Ungespritzte Orange abreiben, dann den Saft auspressen, beides mit Honig, Wein und fein gewiegten Salbeiblättern vermischen. Mit Salz und Pfeffer reichlich würzen, Marinade vorsichtig in die Auflaufform gießen. Im vorgeheizten Backofen bei 150 °C zugedeckt ca. zwei Stunden schmoren lassen.

Knusperforelle

1 rote Zwiebel · 4 feste Birnen
4 Esslöffel Butter · 6 Esslöffel trockener Weißwein
4 Esslöffel Zitronensaft
Salz, schwarzer Pfeffer · 4 kleine Forellen
1 Bund Petersilie · 100 g Mandeln gemahlen
4 Esslöffel Blütenhonig

Zwiebel schälen und in Scheiben schneiden, Birnen entkernen und in Spalten schneiden. Zwei Esslöffel Butter erhitzen, Zwiebeln glasig dünsten, Birnen zugeben, unter Rühren zwei Minuten anbraten, mit Wein ablöschen und zugedeckt fünf Minuten dünsten. Einen Esslöffel Zitronensaft zufügen und mit Salz und frisch gemahlenem Pfeffer abschmecken.

Forellen kalt waschen, abtrocknen, in übrigem Zitronensaft wenden. Petersilie fein hacken, mit Mandeln, einem Teelöffel Salz und Pfeffer mischen. Honig leicht erwärmen, Forellen damit bepinseln, in der Mandelmischung wälzen. Restliche Butter in Pfanne erhitzen, Forellen darin auf jeder Seite etwa sechs Minuten braten. Mit Birnengemüse auf vier Tellern anrichten.

Honig-Senf-Dill-Dressing zu Lachs

Das Rezept klingt wie ein Irrtum, schmeckt aber fantastisch zu Lachs. Lassen Sie Ihre Gäste raten, was drin ist:

1 Bund Dill · 150 g mittelscharfer Senf · 175 g Akazienhonig

Den Dill abzupfen, klein schneiden, mit Senf und Honig verrühren, fertig.

Naschereien mit Honig

Grundsätzlich können Sie in allen Mehl- und Süßspeisen Zucker durch Honig ersetzen: in Aufläufen, Fladen, Puffern, Breis, Desserts und Obstspeisen.

Chinesische Honigbananen

*2 Bananen · 2 Esslöffel Dinkelvollkornmehl
2 Esslöffel Kartoffelmehl (Speisestärke)
2 Eiweiß · Frittieröl
4 Esslöffel heller Blütenhonig (Akazien, Raps, Klee oder Lindenblüten)
1 Esslöffel Zitronensaft · Sesam*

Bananen schälen, schräg in drei Zentimeter dicke Streifen schneiden und im Mehl wenden. Kartoffelmehl mit dem Eiweiß gut verrühren. Bananen darin wenden und im heißen Fett goldbraun frittieren. Auf Küchenkrepp abtropfen lassen und in eine warme Schüssel geben. Honig mit Zitronensaft vorsichtig erhitzen, über die Bananen gießen, mit Sesam bestreuen.

Gebackene Apfelringe

*2 Eier getrennt · 200 g Dinkelvollkornmehl · 1 Prise Salz
250 ml Weißwein oder dunkles Bier · 2 Teelöffel Öl
3–6 Äpfel · Pflanzenfett zum Ausbacken
50 g Mandelstifte · 200 g Lindenblütenhonig*

Eiweiß steif schlagen. Teig aus Mehl, Salz und Wein/Bier glatt rühren, Eigelb und Öl unterrühren, Eischnee unterheben. Äpfel schälen, Kerngehäuse ausstechen, in einen Zentimeter dicke Ringe schneiden, einzeln im Teig wenden und im heißen Fett ausbacken. Mandelstifte ohne Fett in einer heißen Pfanne rösten, Honig zugeben, vom Herd nehmen, Honigmandeln über die Apfelringe geben, heiß servieren.

Backen mit Honig

Auch beim Backen können Sie grundsätzlich immer Zucker durch Honig ersetzen. Nur wohin mit seiner zusätzlichen Flüssigkeit? Wenn Sie weißes Mehl durch Vollkornmehl ersetzen, lösen Sie dieses Problem automatisch: Vollkornmehl ist reich an Ballaststoffen und saugt mehr Flüssigkeit auf. Das ist der Grund, warum Rezepte, in denen einfach statt Mehl Vollkornmehl, aber statt Zucker nicht Honig verwendet wird, so trocken schmecken.

Zum Backen nehmen Sie am besten Dinkelvollkornmehl, denn es liefert die feinsten Ergebnisse. Als Backhonig sollten Sie nicht die edelsten Honigsorten verwenden, denn deren ätherischen Öle verfliegen bei den hohen Temperaturen und ihre wertvollen Enzyme werden zerstört.

Nachfolgend ein Grundrezept und ein paar spezielle Honigteig-Rezepte, einige davon für weihnachtliche Leckereien. Kleingebäck mit Honig wird erst einmal sehr fest, deshalb mindestens zwei, besser vier Wochen vor Weihnachten backen und in gut verschließbaren Dosen kühl und trocken lagern. Das Gebäck wird dann langsam wieder weich. Die reichlichen Gewürze entspringen keiner Laune der Bäcker, sondern haben ihren Zweck: Sie regen die Verdauung und den Stoffwechsel an und wärmen Körper und Seele.

Hefeteig
(neutral)

Um Ihnen das Backen mit Honig zu erleichtern, hier das Grundrezept für Hefeteig. Bei Rührteig verwenden Sie Ihre üblichen Rezepte und ersetzen dabei Mehl durch Vollkornmehl, Zucker durch Honig.

1 Würfel frische Hefe · 350 ml lauwarmes Wasser
1 Esslöffel Honig · 1 Teelöffel Salz · 600 g Weizenvollkornmehl
60 g zerlassene Butter oder Schmalz oder Öl

Hefe mit Wasser, Honig und Salz auflösen. In Mehl und Fett gründlich einarbeiten. Je länger Sie kneten, desto besser, weil dann mehr Sauerstoff an die Hefe kommt. Teig zugedeckt an einem warmen Ort stehen lassen, bis er zur doppelten Größe aufgegangen ist.

Bienenstich

150 g Butter · 150 g Honig
150 g Mandeln, geschält und gehobelt
5 Bittermandeln, geschält und gehackt
4 Esslöffel Milch
abgeriebene Schale einer unbehandelten Zitrone
1 Esslöffel Zimt gemahlen
Hefeteig (vorhergehendes Rezept)

Butter mit Honig und Mandeln kurz aufkochen, Milch unterrühren, abkühlen lassen. Zitronenschale und Zimt untermischen. Hefeteig auf einem gefetteten Backblech ausrollen, Masse darauf streichen. Bei 200 °C 30 Minuten backen.

Magenbrot

200 g Honig · 6 Eier
125 g Mandeln gemahlen
1 Teelöffel Nelken gemahlen
½ Teelöffel Zimt
2 Teelöffel Weinsteinbackpulver
100 g Dinkelvollkornmehl

Honig mit den Eiern im warmen Wasserbad schaumig-cremig rühren, abkühlen lassen. Mandeln, Gewürze und Backpulver mit dem Mehl vermischen, zur Honigmasse geben, verrühren. Auf ein gebuttertes Backblech streichen und bei 180 °C 10–15 Minuten backen. Erkalten lassen und in Streifen schneiden.

Pfeffernüsse

400 g Honig · 2 Eier
1 Teelöffel weißer gemahlener Pfeffer
½ Teelöffel Zimt
je 1 Messerspitze Nelken, Muskat, Koriander, Ingwer,
Piment und Kardamom gemahlen oder
1 Päckchen Lebkuchengewürz
500 g Dinkelvollkornmehl
8 g Hirschhornsalz

Honig verflüssigen, mit den Eiern und den Gewürzen schaumig rühren. Hirschhornsalz unter das Mehl mischen, Mehl nach und nach einrühren, später kneten. Das Backblech fetten oder mit Backpapier auslegen. Kleine Kugeln formen, aufs Blech setzen, im vorgeheizten Backofen bei 190 °C etwa 15 Minuten backen.

Naschereien mit Honig

Türkische Baklava

Diese türkische Spezialität schmeckt nur ausgesprochenen Schleckermäulern: Sie ist sehr süß.

Butter zum Ausfetten · 500 g tiefgefrorener Blätterteig
250 g Walnüsse gehackt · 75 g Pistazien gehackt
75 g Mandeln fein gerieben · 125 g Butter
250 g Honig
3 Esslöffel Orangensaft · Saft einer halben Zitrone

Den Boden einer Kastenform mit Alufolie auslegen, die Ränder der Form gut mit Butter fetten. Jede Teigplatte zu doppelter Kastenformgröße ausrollen und halbieren. Die Nüsse miteinander mischen. Butter zerlassen. Eine Teigplatte in die Form legen, mit Butter bepinseln, mit Nüssen bestreuen. Mit einer Teigplatte bedecken, bepinseln, bestreuen und so fort. Mit einer Teigplatte abschließen. Das Gebäck auf der untersten Schiene 15 Minuten, auf der mittleren 30 Minuten bei 190 °C backen. Den Honig leicht erwärmen, mit den Säften verrühren, über den fertigen, noch heißen Kuchen gießen, über Nacht einziehen lassen. In Schnitten geteilt servieren.

Sesamkonfekt

50 g Nüsse gemahlen · 100 g feine Haferflocken
150 g Sesam · 1 Teelöffel Zimt · 2 Teelöffel Rum
100 g Blütenhonig

Nüsse mit Haferflocken und Sesam in einer Pfanne ohne Fett goldbraun rösten. Zimt, Rum und den Honig in einer Schüssel mischen, Röstgut aus der Pfanne zugeben, kneten, kleine Kugeln formen und auf einem Pergamentpapier zwei Tage kühl und luftig trocknen lassen.

Marzipan

220 g Mandeln · 100 g Honig · 1 Esslöffel Rosenwasser

Mandeln schälen (geht einfach, wenn Sie die Mandeln vorher kurz mit Wasser überbrühen), trocknen lassen, sehr fein reiben. Mit Honig vermischen. Rosenwasser tropfenweise dazugeben, immer wieder kneten, bis eine homogene speckige Masse entsteht. Schmeckt sogar Menschen, die sonst kein Marzipan mögen.

Getränke

Honiglimonade

500 g Blütenhonig · 100 ml Zitronensaft
Mineralwasser

Sirup mischen aus Honig und Zitronensaft. Pro Glas einen Tee- bis einen Esslöffel Sirup mit Mineralwasser mischen. Erfrischt im Sommer. Wärmt, mit warmem Wasser aufgegossen, im Winter.

Manhattan

200 ml Milch
4 Esslöffel Tomatensaft · 1 Esslöffel Honig
1 Teelöffel Zitronensaft

Alles gut verquirlen oder im Shaker mixen. Eiskalt oder auf Eis servieren.

Anhang

Bestimmungen des Deutschen Imkerbundes

Die Richtlinien für „Honig unter dem Gewährsverschluss des Deutschen Imkerbundes e.V." (DIB) legen Folgendes fest:

Der Inhalt eines Gebindes im Einheitsglas oder eines mit Gewährsverschluss versehenen Verkaufseimers muss den Qualitätsrichtlinien des DIB und der Centralen Marketinggesellschaft der Deutschen Agrarwirtschaft (CMA) für Deutschen Honig entsprechen.

Herkunft: Der Honig muss innerhalb der Bundesrepublik Deutschland geerntet sein, entsprechend auch dem CMA-Gütezeichen „Qualität aus deutschen Landen".

Reinheit: Der Honig darf keine honigfremden Bestandteile wie Zuckerwasser, pollenhaltige Zuckerteige, Auslandshonig u.a. enthalten.

Reife: Der Honig darf nur reif geerntet werden. Der Wassergehalt darf zulässige Höchstwerte nicht überschreiten.

Sauberkeit und Konsistenz: Der Honig muss sauber sein, d.h. sorgfältig gesiebt und mehrfach abgeschäumt, und eine einheitliche Konsistenz aufweisen, d.h. ein teilweise flüssiger, teilweise kristallisierter Honig darf nicht im Einheitsglas des DIB verkauft werden.

Lagerung: Honig sollte kühl und in geruchsfreien Räumen gelagert werden und darf keine nennenswerten Wärme- und Lagerschäden aufweisen.

Einwaage: Die Füllmenge darf höchstens um drei Prozent unterschritten werden.

Eine Sortendeklaration ist nur zulässig, wenn der Honig überwiegend aus den genannten Blüten und Pflanzen stammt.

Etiketten, Verschluss und Beschriftung sind genau festgelegt: Jedes Etikett muss Name und Anschrift des Imkers tragen. Zusatzetiketten gibt der DIB heraus oder sie müssen von ihm genehmigt werden.

Adressen und Bezugsquellen

Deutsches Bienenmuseum Weimar
Ilmstraße 3
99425 Weimar
Telefon: 0 36 43/6 10 32
www.uni-weimar.de/bienenmuseum

Deutscher Apitherapie Bund e.V.
Kapuzinerstrasse 49
94032 Passau
Telefon: 08 51/9 34 70 05
www.apitherapie.de

Deutscher Imkerbund
Hauptstraße 3
53343 Wachtberg-Villip
Tel.: 02 28/32 10 06
www.deutscherimkerbund.de

Landesverband Badischer Imker
Bahnhofstraße 35
77767 Appenweier
Tel.: 0 78 05/20 10
www.badische-imker.de

Landesverband Bayerischer Imker
Georg-Strobel-Straße 48
90489 Nürnberg
Tel.: 09 11/55 80 94

Imkerverband Berlin
Krampnitzer Weg 20a
14089 Berlin
Tel.: 0 30/3 65 36 42

Landesverband Brandenburgischer Imker
Rosenstraße 10
14548 Caputh
Tel.: 03 32 09/7 04 53

Imkerverband Hamburg
Husumer Straße 31
20249 Hamburg
Tel.: 0 40/47 56 11

Landesverband Hannoverscher Imker
Johannssenstraße 10
30159 Hannover
Tel.: 05 11/32 43 39

Landesverband Hessischer Imker
Erlenstraße 9
35274 Kirchhain
Tel.: 0 64 22/26 24

Landesverband der Imker
Mecklenburg und Vorpommern
Wallstraße 45
19053 Schwerin
Tel.: 03 85/73 40 11

Imkerverband Nassau
Brückenstraße 12
57627 Heuzert
Tel.: 0 26 88/98 91 92

Imkerverband Rheinland
Im Bannen 38–54
56727 Mayen
Tel.: 0 26 51/7 26 66

Imkerverband Rheinland-Pfalz
Lina-Sommer-Straße 33
67346 Speyer
Tel.: 0 62 32/64 05 10

Literaturverzeichnis

Landesverband der Imker
im Saarland
Am Schmalzbirnbaum 3
66606 Sankt Wendel
Tel.: 0 68 51/55 81

Landesverband Sächsischer Imker
Terrassenstraße 20
09131 Chemnitz
Tel.: 03 71/44 94 24

Allgemeiner Landes-Imkerverband
Sachsen-Anhalt
Parkweg 1
06909 Pretzsch
Tel.: 03 49 26/5 72 42

Imkerverband Sachsen-Anhalt
Triftstraße 11
06918 Seyda
Tel.: 03 53 87/5 24 68

Landesverband
Schleswig-Holsteinischer und
Hamburger Imker
Hamburger Straße 109
23795 Bad Segeberg
Tel.: 0 45 51/24 36

Landesverband Thüringer Imker
Camburger Straße 74
07743 Jena
Tel.: 0 36 41/42 42 06

Landesverband der Imker Weser-Ems
Mars-la-Tour-Straße 13
26121 Oldenburg
Tel.: 04 41/80 16 26

Landesverband Westfälischer
und Lippischer Imker
Langewanneweg 75
59063 Hamm (Westfalen)
Tel.: 0 23 81/5 10 95

Landesverband Württembergischer Imker
Olgastraße 23
73262 Reichenbach/F.
Tel.: 0 71 53/5 81 15

Firma Allos (Honig)
Walter Lang
Imkerhof
49457 Mariendrebber
www.allos.de

Biosun (Ohrkerzen)
Westerwaldstraße 21
35630 Ehringshausen
www.biosun.de

Internet-Seiten von Imkern
mit Online-Verkauf:
www.allos.de
www.bienengarten.de
www.bienenrudi.de
www.buescher.purespace.de
home.t-online.de/home/johann.seibold
www.honigmayerhofer.de
www.imkerei-kress.de
www.imkerei-schulz.de
www.immenkorf.de – mit vielen Rezepten
www.naturlandimker.de
www.weiss-natur-idee.de
home.t-online.de/home/horst-dieter.fehling

Weitere Bienen-Seiten im Internet:
www.bienen.de – viel Wissenswertes, viele
Links, viele Adressen auch von regionalen und
örtlichen Imkerverbänden
www.imkerei.com – ausführliche internationale Informationen und Links
www.uni-hohenheim.de/bienenkunde – mit
vielen weiterführenden Links

Literaturverzeichnis

Nijaz Abadzić: Die Honigapotheke. München, 1992. ISBN 3-928036-32-7

Manfred Backhaus: Erkältungen – nein danke. Rastatt, 2000. ISBN 3-8118-1638-1

Ilse Sibylle Dörner: Kochen und Heilen mit Honig. München, 1998. ISBN 3-612-20638-9

Rose Marie Donhauser: Quark, Butter, Joghurt, Käse hausgemacht. München, 1997. ISBN 3-7787-3545-4

Gottlieb Ebel: Gesundheit aus der Bienenapotheke. 4. Aufl. Kreuzlingen, 1997. ISBN 3-7205-1796-9

Margret und Gottlieb Ebel, Silvia Rinke: Die Naturheilküche mit Honig. München, 1996. ISBN 3-431-03464-0

Hermann Ehmann: Gesundheit aus dem Bienenstock. Blütenpollen, Gelée Royale, Propolis, Honig. Bielefeld, 1998. ISBN 3-928430-07-6

Susanne Fischer-Rizzi: Himmlische Düfte. 14. Aufl. München, 2000. ISBN 3-89631-338-X

Susanne Fischer-Rizzi: Medizin der Erde. 11. Aufl. München, 2000. ISBN 3-89631-390-8

Edmund Herold und Gerhard Leibold: Heilwerte aus dem Bienenvolk. 14. Aufl. München, 1995. ISBN 3-431-03162-5

Ray Hill: Propolis Kittharz. 7. Aufl. München, 1998. ISBN 3-431-02851-9

Helmut Horn und Cord Lüllmann: Das große Honigbuch. München, 1992. ISBN 3-431-03208-7

Peter Kensok und Dietrich Ley: Altbewährte Hausmittel. Augsburg, 1997. ISBN 3-86047-366-2

Martina Kiel und Karola Wiedemann: Kürbis, Mangold & Co. 3. Aufl. München, 1998. ISBN 3-7742-2817-5

Ernst Köwing: Gesundheit durch die Bienen. 3. Aufl. Bockhorn-Grabstede, 1998. ISBN 3-929193-00-0

Öko-Test - Magazin für Gesundheit und Umwelt. Honigtest in Heft 2, Februar 1998

Mannfried Pahlow: Hausapotheke. Augsburg, 1997. ISBN 3-86047-363-8

Pavlina Potschinkova: Die Heilkraft von Honig und Co. München, 1999. ISBN 3-431-04014-1

Jean Pütz und Christine Niklas: Natürliche Kosmetik selbst gemacht. Köln, 2000. ISBN 3-8025-1444-0

Stefan Stangaciu und Elfi Hartenstein: Sanft heilen mit Bienenprodukten. Stuttgart, 2000. ISBN 3-830-42031-5

Karl Stückler: Met. Honigweinbereitung – leicht gemacht. Graz, 1995. ISBN 3-7020-0721-0

Ernst Stürmer: Asiatische Heilkunst. Augsburg, 1996. ISBN 3-86047-362-X

Paul Uccusic: Doktor Biene. München, 2000. ISBN 3-7205-1251-7

Günter Albert Ulmer: Ein Geschenk der Natur mit einzigartigem Nähr- und Energiewert, Produkte der Bienen. Tuningen, 1995. ISBN 3-92419-189-1

Verführerisch und gesund – Kochen mit Honig. Erlangen, 2001. ISBN 3-8955-53204-4

Vinzenz Weber: Das Wachsbuch. 4. Aufl. München, 1991. ISBN 3-431-02359-2

Michael Weiler: Der Mensch und die Bienen: Betrachtungen zu den Lebensäußerungen des Bien. 2. erweiterte Aufl. Darmstadt, 2000. ISBN 3-921536-60-X

Sylvia Winnewisser: Honig. Rezepte für Gesundheit und Schönheit. Niedernhausen, 2000. ISBN 3-809-40938-3

Berthold Withalm: Naturgemäßes Volksheilbuch. 13. Aufl. Graz, 1991. ISBN 3-7020-0605-2

Register

Abmagerung 71
Abszesse 78
Abwehrkräfte 60
Akazienhonig 23
Akne 48, 53
Aknecreme 48
Alantwurzeltee 58 f.
Allergie 36, 66 f.
Alltagscreme 87
Alter 48 f.
Altershaut 49
Altershusten 49
Altersschwäche 49
Angst 67
Apfelessig-Honig-Mischung 64
Apfel-Honig-Saft 71
Apfel-Zitrus-Mus 71
Aphrodite-Bad 90
Aphthen 65
Apis 44 f., 56 f.
Appetitlosigkeit 49, 63
Arteriosklerose 49
Arthritis/Arthrose 57, 67 f.
Asthma 58, 66
Atemnot, panische 57
Ätherisches Honigöl 15, 42
Augenleiden 49 f.
Ausschläge 56

Bäder 89 f.
Bakterien 35, 60, 64, 75, 77, 79
Bärenfang 15, 30 f.
Bienen-Balsam 84
Bienenbrot 14, 32
Bienengift 14, 44 f.
Bienenkur 49
Bienenstiche 44 f.
Bienenwachs 14, 39 ff.
Bienenwachskerzen 41, 51
Bienenwachsseife 82
Bildschirmarbeit 76
Blase 66
Blasen (Haut) 77 ff.
Blasenentzündung 56, 66
Blutarmut 71
Blutdruck, niedriger 55
Blütenhonig 22 ff.
Blutreinigung 61
Breitwegerich 45, 77
Brennender Schmerz 56
Brombeermet 29
Bronchialasthma 59 ff.
Bronchitis 57 ff.
Bulimie 63
Buttermilchreinigung 84

Coldcreme 87

Darmgeschwüre 74 f.
Deckelwachs 39 f.
Depressionen 72
Diabetes 25
Druck im Kopf 41 f., 61
Duftbäder 90
Duftcreme 88
Duftlampenmischung 42
Durchblutung 55 f., 76, 90
Durchfall 74 ff.
Durstmangel 57

Edelkastanienhonig 23
Eibischwurzeltee 53
Eier-Honig-Grog 51
Eierstockentzündung 68
Eigelb-Kur 91
Eigelb-Maske 86
Eileiterentzündung 68
Einfaches Honigbad 89
Eisenmangel 71
Ekzeme 54
Empfindliche Haut 83 f.
Energiemangel 70 f.
Englisches Honigwasser 83
Entgiftung 62
Enthaarung 89
Entspannendes Pflegebad 65 f.
Entwässerung 56
Entzündungen 56, 65
Erdbeerpackung 85
Erfrischung 70
Erkältungen 50–53
Erkältungsbad 52
Erotik 72
Ess-Brech-Sucht 63
Essstörungen 49

Fettige Haut 85 f., 89
Fettiges Haar 91
Fiebrige Erkältung 53
Französisches Honigmilch-Bad 89
Fremdkörper 78
Frigidität 72
Frischer Bärenfang 31
Fruchtmet 29 f.
Frühjahrsmüdigkeit 71
Furunkel 78

Galle 61 ff.
Gallenbeschwerden 61 ff.
Gefäßkrämpfe 56
Gehirn 71
Gelbsucht 62
Gelée Royale 14, 37 f.

Register

Gelée-Royale-Kur 38
Gelenkentzündungen 56, 67 f.
Gereizte Haut 54, 82 ff., 88
Gerstenkorn 50
Geschwüre 65, 74 f., 76 ff
Gicht 56 f.
Glen Mist 31
Grauer Star 49
Gurgellösung 53
Gürtelrose 54

Haarfestiger 91
Haarpflege 91
Haferflockenmus 55
Halsentzündung 59, 64
Hämorrhoiden 76
Handcreme 87
Hände, rissige 86
Haut 53 f., 82–90
   -, alternde 49
   -, empfindliche 83 f
   -, entzündete 54, 78, 86, 88
   -, fettige 85 f., 89
   -, gereizte 54, 82 ff., 88
   -, müde 82, 85
   -, spröde 86, 88
   -, strapazierte 82–85
   -, trockene 54, 83–86
   -, unreine 48, 53, 83, 85
Hautrisse 77
Heidehonig 23, 26
Heidelbeermet 30
Heilerde-Maske 86
Heiltees 52
Hepatitis 62
Herpes 60
Herzerkrankungen 55 f.
Herzwein 55
Heuschnupfen 66
Himbeermet 30
Himbeerpackung 85
Hirnhautentzündung 56
Holunderblättertee 61
Holunderblütentee 53
Holundermet 30
Homöopathie 56 f.
Honigbäder 89 f.
Honigbrei-Maske 85
Honigdotter 63
Honigeier 50
Honig-Eiweiß-Maske 85
Honig-Emulsion 48
Honigfilm 77
Honiggelee-Straffung 84 f.
Honig-Heilbad 51, 72
Honig-Inhalation 59
Honigkur 60

Honig-Mandelöl-Emulsion 83 f.
Honigmassageöl 88
Honigmilch 26
Honigmilch-Bad, französisches 89
Honigmilch-Salzbad 89
Honigöl, ätherisches 15, 42
Honigölbad 52
Honig-Pollen-Bad 89
Honig-Pollen-Kur 74
Honigquark 62
Honig-Sahne-Bad 89
Honigtauhonig 22, 24 f.
Honig-Thymian-Tee 58
Honigwasser 64
-, englisches 83
Honig-Zitronen-Milch 83
Honig-Zitronen-Reinigung 83
Hopfenmet 29
Hornhaut 53
Hornhautödem 49
Hühneraugen 55
Husten 57 ff.

Immunsystem 59 f.
Impotenz 72
Ingwer-Fenchel-Paste 76
Insektenstiche 56, 69
Ischias 56, 59

Joghurtreinigung 83
Johannisbeermet 30
Johanniskrautöl 79
Johanniskrauttee 63

Kälte 51
Kamillen-Reinigungsmilch 84
Karies 25
Kehlkopfentzündung 56
Kerzen 41
Kinder 41 f., 49, 64, 68, 70 f., 76, 90
Kinderbad 90
Kirschmet 30
Kleehonig 24
Kleie–Maske 86
Knoblauchsaft 52
Kolik 75
Konzentration 71
Kopfschmerzen 60 f., 69
Kosmetik 82–91
Kraftnahrung 70
Kräuterbad 89
Kräutertee 50
Kreislauferkrankungen 55 f.

Lebensmittelvergiftung 62
Leber 61 ff.
Leberentzündung 62

Lebertran-Honig-Salbe 78
Leinsamenwickel 59
Leistungsdruck 72 f.
Lindenblütenhonig 24
Lindenblütentee 53
Löwenzahnhonig 24, 74
Lunge 58
Lymphe 70

Magenbeschwerden 75
Magenbitter 75
Magengeschwüre 74 f.
Magersucht 65
Malvenbad 78
Malvenwasser 83
Mandelentzündung 65
Mandel-Honig-Seife 82
Mangelerscheinungen 33
Manukahonig 24
Masken (Pflege) 84 ff.
Massageöl 88
Meerrettichsirup 58
Meerrettich-Zwiebel-Honig 58
Melissentee 68
Menstruation 63 f.
Met 15, 27–30
Metrezepte 28 ff.
Milch mit Honig 26
Milch-Fenchel-Honig 57
Milchgesäuerter Pollen 33 f.
Milchschorf 64
Modalitäten/Homöopathie 57
Möhrenbrei 78
Monatsblutungen 63 f.
Müde Haut 82, 85
Müdigkeit 64, 71
Mundbeschwerden 64 f.
Mundgeruch 64
Muntermacherbad 64
Muntermacher-Drink 71

Nabel 78 f.
Nachtcreme 87
Nahrungsergänzung 33, 48
Nebenhöhlen 69 f.
Nervöse Herzbeschwerden 55
Nervosität 65 f.
Nesselsucht 56
Neuralgien 69
Neurodermitis 54
Niedriger Blutdruck 55
Nieren 66

Ödeme 56
Ohren 66
Ohrensausen 66
Ohrkerzen 15, 41 f., 51

Olivenölpackung 91
Orientalisch-verführerisches Bad 72
Ostpreußischer Met 28

Panische Atemnot 57
Parfümcreme 88
Perga 32
Pflege-Duft-Bad 90
Pollen 31–34
Pollenallergie 66 f.
Pollenhonig 74
Pollenkur 34
Powerfrühstück 73
Problemhaut 85
Propolis 14, 34 ff.
Propolis-Deodorant 88 f.
Propolis-Gurgellösung 65
Propoliskörperöl 88
Propoliskur 36
Propolislösung 36
Propolissalbe 54
Propolis-Wachs-Salbe 54
Propoliswasser 65
Propolis-Zahnpasta 25, 36
Prostatabeschwerden 67
Psychische Störungen 67

Quark-Maske 86
Quark-Öl-Packung 86
Quetschungen 77

Rachenbeschwerden 56, 64 f.
Rapshonig 24
Reinigung (Haut) 82–90
Rettichsirup 57 f.
Rheuma 57, 67 f.
Rissige Hände 86
Roher Zwiebelsaft 52
Rosmarinhonig 24

Salbeitee 58
Salmonellen 75
Scharlach 56
Scheibenhonig 40
Scheidenentzündung 68
Schlafstörungen 57, 68
Schluckbeschwerden 65
Schlüsselblumentee 61 f.
Schmerzen, brennende
   und stechende 56
Schmerzen, diffuse 68 f.
Schnitte 77
Schnupfen 69 f.
Schönheitspackung,
   Schwedische 86
Schreie im Schlaf 57
Schuhcreme 41

Schuppenflechte 54
Schürfwunden 77
Schwäche 70 f.
Schwindel 61
Sehnenscheidenentzündung 69
Sehstörungen 50
Sexualität 72
Sommerblütenhonig 23
Sommersprossen 83
Sonnenblumenhonig 24
Spanischer Waldhonig 25
Spitzwegerichsaft 58
Spröde Haut 86, 88
Stechender Schmerz 56
Stirnhöhlen 69 f.
Strapazierte Haut 82–85
Stress 68, 72 f.

Tannenhonig 25
Thymianhonig 24
Tinnitus 66
Trockene Haut 54, 83–86
Trockenes Haar 91

Universalsalbe 54
Unreine Haut 48, 53, 83, 85

Verbrennungen 76, 79
Verdauung 73–76
Verspannungen 69, 76
Verstopfung 74 f.
Vorzeitiges Altern 48

Wabenhonig 32, 39 f., 67
Wabenpollen 32
Wachs 39 ff.
Wachstum 76
Waldblütenhonig 23
Waldhonig 24
Warzen 55
Wechseljahre 76 f.
Weinbrandbärenfang 31
Weißtannenhonig 25
Weizenmehl-Maske 85
Widerstandsmüsli 51
Wirbelsäulenleiden 69
Wunde Haut 54
Wunden 77 ff.
Würziger Met 29

Zahnfleisch 79
Zahnfleischentzündung 79
Zahnschmerzen 79
Zitronensaft mit Honig 70
Zwiebelmus 55
Zwiebelsirup 52
Zwiebelsirup mit Emser Salz 57

Rezeptregister

Apfelringe, gebackene 101

Baklava, türkische 103
Bärenfang-Rezepte 30 f.
Beerenmüsli 97
Bienenstich 102
Birchermüesli 96
Butterhonig 95

Chinesische Honigbananen 101
Chinesische Honigrippchen 99

Eier-Honig-Grog 51
Einfache Salatsoße 97

Frischkost-Dressing 98

Gebackene Apfelringe 101

Haferflocken-Apfelmus 95
Hagebuttenmark 95
Hefeteig 102
Honigbananen, chinesische 101
Honigdressing 98
Honiglimonade 103
Honigrippchen, chinesische 99
Honigsauerkraut 98
Honig-Senf-Dill-Dressing zu Lachs 100

Imkerbraten 100

Kandierte Zwiebeln 98
Kartoffelsalat, warmer 98
Knusperforelle 100
Kürbis, gebackener 99

Magenbrot 102
Manhattan 103
Marmelade 95
Marzipan 103
Met-Rezepte 28 ff.
Muntermacher-Drink 71
Müsli nach Pfarrer Kneipp 97

Pfeffernüsse 102
Powerfrühstück 73
Preiselbeermarmelade 96

Salatsoße, einfache 97
Sesamkonfekt 103

Türkische Baklava 103

Zwiebeln, kandierte 98

Ein persönliches Dankeschön an

Horst Lichtenthäler für seine Honiglieferungen und seine Kraft;

Gerald Drews, den viel Beschäftigten, der trotzdem immer ein offenes Ohr für mich hatte;

Barbara Konarkowski, die (ehemalige) Buchhändlerin mit dem ehrlich-persönlichen Service;

Ursula Sasse und Irmgard Stör für kleine, aber wichtige Hinweise;

den Imker Michael Hamalgyi, der mir mit leuchtenden Augen die Welt der Bienen erklärte;

die immer hilfsbereit und neugierig begleitenden Bibliothekarinnen von der Staats- und Stadtbibliothek Augsburg.

Ein honigsüßes, pollenstarkes Dankeschön

an Hansi Lichtenthäler: den Hobby-Imker inmitten seiner Imkerfamilie mit professionellem Wissen und der energiegeladenen Neugier, alles selbst auszuprobieren.

Sein Honig hat mich auf den Geschmack gebracht, seine Hilfsbereitschaft und Fachkenntnis waren unverzichtbar.

© 2002 Seehamer Verlag GmbH, Weyarn
und Medien-Agentur Gerald Drews, Augsburg
Alle Rechte vorbehalten
Gestaltung: Bine Cordes, Weyarn
Lektorat: Bücherwerkstatt Peter Bramböck, München-Riem
Lithografie und Satz: Creativ Mediendesign GmbH, Ottobrunn
Fotos: Reinhard-Tierfoto, Heiligkreuzsteinach
und imagesource, S. 46, 92, Titel
Printed in Italy
ISBN 3-934058-70-1